ANALYSE
DE LA
COUTUME GÉNÉRALE
D'ARTOIS,

AVEC LES DÉROGATIONS

DES COUTUMES LOCALES.

A PARIS,

Chez CHARPENTIER, Libraire, Quai des Augustins, à S. Chrysostôme.

M. DCC. LXIII.

Avec Approbation & Privilège du Roi.

tes leurs ramifications. De-là nombre de Sections infiniment courtes. Dans chacune il n'entre souvent qu'un Article : mais cela ne doit point paroître ridicule ; on a suivi la Coutume, qui n'est pas également étendue sur tous les points qu'elle traite.

On auroit tâché de remplir ces vuides, & de réparer ces inégalités de divisions, en osant traiter des questions relatives à cette Coutume, au lieu de se borner aux décisions renfermées dans cette Loi. Mais n'avons-nous point assez du Commentaire de Me Maillart sur la Coutume d'Artois? Qui disconviendra même, après avoir lu cet Auteur, qu'il est tems enfin d'apprendre les Textes qu'il commente ?

On s'est tellement resserré dans la teneur de cette Coutume, qu'on a omis toutes définitions, autres que celles qui peuvent se trouver dans le Texte. On n'en appréhende point le reproche. Où seroit la honte de n'avoir pas eu le courage d'être Copiste ?

Enfin il s'agit d'apprendre la Coutume d'Artois. Quelques Jurisconsultes, comme beaucoup d'Etudians, peuvent se trouver dans le cas ; & les premiers sçavent des définitions générales, meilleures qu'on n'auroit pu en insérer dans cette Analyse. Quant aux seconds, ils trouveront ces définitions dans nombre de Livres, qu'ils ont entre leurs mains.

Cela posé, pour connoître la

Coutume d'Artois, il reſte à faire deux choſes : premiérement rapprocher les Texres; & par-là voir ceux qui s'accordent ſur un même point; ceux qui diffèrent entr'eux, ſuivant la diverſité des matières : & en ſecond lieu, trouver les réſultats de ces détails, pour ſaiſir les principes généraux, & ſurprendre l'eſprit de la Coutume ſi prompt à s'échapper. On a eſſayé de remplir ces deux objets, dans l'ordre qu'on vient de dire. Enſorte qu'on a préféré la Sintèſe à l'Analyſe proprement dite; car on eſt très-perſuadé que les notions générales ne ſont composées que d'idées particulières.

Ce n'eſt pas ſans doute s'être écarté du but de ce petit Ouvrage, que d'y avoir extrait quelques Articles des Coutumes Locales d'Artois. L'on ſçait que les principales Villes de cette Province tiennent d'un des plus ſçavans Magiſtrats du Parlement, une nouvelle rédaction de leurs Coutumes. Tout y eſt rapproché du Droit commun ; ce qui forme beaucoup de dérogations à la Coutume générale. Or ce ne sont que ces diſcordances qu'on a eu ſoin d'indiquer ici chacune à ſa place. Connoître les diſpoſitions d'une Coutume, eſt-ce aſſez pour la ſçavoir ? Il faut de plus, ce ſemble, meſurer le champ de ſes déciſions.

Encore un mot, & c'eſt l'article le plus délicat. On s'eſt permis une eſpèce de Diſſertation ſur le quint des Fiefs dévolu aux puînés par la Loi des ſucceſſions. On a fait plus : on a oſé préſenter une déciſion toute nouvelle en cette matière. Quelqu'indulgence, s'il ſe peut, pour cette petite témérité. On s'eſt enhardi à cette innovation, animé de l'eſprit général de la Coutume. Quatre Articles où il éclate éminemment, ont paru des garans aſſez sûrs de cette foible entrepriſe.

ANALYSE DE LA COUTUME GÉNÉRALE D'ARTOIS, AVEC LES DÉROGATIONS DES COUTUMES LOCALES.

TITRE PREMIER.

Des différentes Justices seigneuriales, de la Bannalité & du Terrage.

LA Coutume d'Artois ne traite point des Fiefs, sans parler des Justices. Fief & Justice sont inséparables dans son Articles 5

1er. esprit ; ensorte que suivant l'Art. 1er
la Seigneurie foncière même est Basse-Justice.

53. Cependant elle suppose Art. 53, qu'on
peut n'avoir ni Justice, ni Seigneurie,
à cause d'un Fief, & elle le dit positi-
41 vement Art. 41 & 45.

& 45. Ainsi, pour parler plus exactement,
il faut dire que Mouvance & Justice sont nécessairement inhérentes.

Suivant l'ancien Droit des Fiefs, quiconque relève d'un Seigneur, outre les Droits utiles, lui doit le service dans sa Cour, où il est tenu d'administrer la Justice. Par conséquent, tout Seigneur a droit de Justice, dès qu'il a des Vassaux ou des Censitaires. Mais il y a des Fiefs qui ne sont composés que d'un domaine sans Mouvance active au profit de ceux qui les possèdent. Il est clair que ces derniers ne peuvent avoir de Justice. D'un côté, personne à qui ils la doivent; de l'autre, personne qui la leur doive. C'est pourquoi l'on dit communément que la Mouvance règle la Justice & le ressort.

Telle est donc l'administration de la Justice Seigneuriale en la forme. La Foncière s'exerce par les hommes Censiers ou Cottiers, Art. 1er; & la Vicomtière, comme la Haute-Justice, par les Vassaux ou les hommes de Fiefs. Art. 33. Ensorte que suivant cet article, le Vicomtier, qui n'a qu'un homme de Fief, peut, au Seigneur Haut-Justicier, de qui il relève, emprunter quelques autres hommes de Fiefs, pour administrer la Justice Vicomtière. Le Haut-Justicier est tenu de les prêter aux dépens du requérant.

1er.

33.

COUTUMES LOCALES

du Bailliage d'Aire.

Si le Vicomtier n'a pas d'homme de Fiefs, ou que son Seigneur suzerain n'en ait pas assez à lui prêter, des hommes Cottiers peuvent exercer la Justice Vicomtière, Art 3.

Voici d'abord dans un premier Chapitre les Droits communs à toutes les Justices.

Dans un second nous verrons ce qui est particulier à chacune.

Enfin dans un troisième l'on traitera de la Bannalité & du Terrage.

CHAPITRE PREMIER.

Des Droits communs à toutes les Justices.

1° EN matière civile.

2° En matière criminelle.

3° En matière d'Impôt ou de Fisc.

SECTION PREMIERE.

Matière Civile.

1er. SUivant l'Art. 1er, c'est un objet de Judicature que la dessaisine & la saisine de tous les héritages mouvans d'une

Seigneurie à qui la Justice est attachée. La Coutume décide que cet Acte doit émaner des hommes Cotiers, comme toute autre espèce de jugement.

A cet égard, la Justice ou la Seigneurie Foncière ne paroît point avoir de bornes. Le Seigneur Foncier, suivant l'Art. 1er, a connoissance de tout ce qui concerne la dessaisine & la saisine ; or il peut y avoir à ce sujet des contestations considérables. Il jugera donc des questions de propriété concernant les héritages les plus étendus.

SECTION II.

Matière Criminelle.

LE Seigneur Foncier ne connoît que 2.
des délits, dont l'amende n'excède pas
5 sols. Art. 2.

Cependant il peut réprimer l'infrac- 8, 11
tion de sa Justice par une amende de & 13.
60 sols. Art. 2, 8, 11 & 13.

19. Et pour le payement de toutes ces amendes indistinctement, il a droit de faire appréhender au corps les délinquans. Il peut refuser l'élargissement, jusqu'à ce qu'ils ayent nanti ces amendes, ou qu'ils en ayent donné caution. Et ceci donne encore matière à l'exercice de sa Justice par les hommes de lui relevans. Art. 19

SECTION III.

Impôt, ou Droit de Fisc.

3. LE droit de Foraige est un impôt en nature de plusieurs mesures de vin ou d'autre boisson sur tout vin & toute boisson, qui se débite dans toute l'étendue d'une Seigneurie. Art 3.

CHAPITRE II.

Droits particuliers des différentes Justices.

1°. DRoits propres aux Justices, tant Vicomtières que Hautes.

2° Droits propres aux Hautes-Justices seulement.

SECTION PREMIERE.

Droits propres aux Justices, tant Vicomtières que Hautes.

1° LA Jurisdiction proprement dite.

2° Le Fisc ou le Domaine de la Seigneurie.

3° La Police.

ARTICLE PREMIER.

La Jurisdiction proprement dite.

4. Cette Jurisdiction est compétente pour les délits & pour les crimes punissables de 60 sols d'amende. Et même ceux des voleurs y sont exposés à toute sorte de peines jusques & compris la mort. Art. 4.

35. C'est pourquoi le Seigneur Vicomtier a droit de Fourche Patibulaire à deux piliers. Art. 35.

4. Mais il ne peut pas prononcer le bannissement. Art. 4

ARTICLE II.

Fisc ou Domaine de la Seigneurie.

5. Ce Domaine s'étend sur les chemins, sur les rivières qui traversent les tenemens de la Seigneurie, & sur les places publiques qui s'y trouvent. Art. 5.

5. Sur ces chemins les Seigneurs ont

droit, non-ſeulement de Juſtice, mais de plantis; car tout ce qui y croît leur appartient. Art. 5.

Et ſuivant les Articles 51 & 58, ils 51 &
puniſſent d'une amende de 60 ſols qui- 58.
conque abat, coupe les arbres, ou en plante d'autres, le tout ſur les Voiries & les chemins.

Je penſe que le droit de Pêche ré- 5.
ſulte auſſi de l'Art. 5; autrement à quoi ſerviroit le domaine d'un cours d'eau non-navigable?

Le droit de Chaſſe eſt auſſi fondé 5.
ſur le même Art. 5. qui approprie aux Seigneurs ce qui *croît* dans les chemins & les autres terres publiques: or le gibier y croît naturellement.

Un autre droit Fiſcal eſt le droit de 9.
Bâtardiſe & le droit des Epaves. Article 9.

Enſorte que l'Art. 10 dénonce une 10.
amende de 60 ſols au profit des Seigneurs contre celui qui prendroit une épave, ſans le déclarer dans les 24 heures.

40. Pour ce qui est du droit d'Aubaine, il n'a pas lieu en Artois. Art. 40.

COUTUMES LOCALES.

Bapaume.

Le droit d'Epave & de Bâtardise n'appartient qu'au Haut Justicier. Art. 3.

ARTICLE III.

La Police.

1° Sur les denrées.
2° Sur les Terres labourables.
3° Sur les Bois & les Pâturages.

NOMBRE PREMIER.

Police sur les Denrées.

6. Le droit d'afforer les vins & les autres boissons consiste à y mettre le prix
7. dans l'étendue de la Seigneurie. Quiconque auparavant débiteroit ces denrées, ou les vendroit après, mais à plus haut prix, encourroit une amende de 60 sols. Art. 7.

La Coutume n'explique point en 6.
quoi conſiſte l'inſpection, ſoit ſur les
marchandiſes & les denrées, ſoit ſur
les meſures. Elle accorde une amende
de 60 ſols au Vicomtier, dans la Seigneurie duquel on auroit uſé de meſures fauſſes & mauvaiſes, dont elle réſerve la punition au Seigneur Haut-Juſticier. Art. 6.

NOMBRE II.

Police ſur les Terres labourables.

Le Seigneur peut faire les Bans 48, 49
d'Août & de Mars. De plus, il a une & 50.
amende de 60 ſols pour les puits à marle non rebouchés; & une de 20 ſols pour les bêtes trouvées dans les terres nouvellement en chaume, c'eſt-à-dire, pendant les trois jours qui ſuivent la coupe & l'enlèvement des bleds. Art. 48, 49 & 50.

L'Art. 60 porte 60 ſols d'amende 59 &
pour la dépouille furtive d'un héritage 60.

faite contre le gré du Propriétaire. Même amende contre celui qui arrache ou déplante une borne. Si ce dernier cas requiert plus grande peine que n'en peut dénoncer le Vicomtier, le Haut-Justicier en doit connoître. Art. 59.

NOMBRE III.

Police sur les Bois & les Pâturages.

54. 55. 56. & 57. Les Art. 54, 55 & 57 protègent les bois-taillis par plusieurs amendes contre les Bergers & leurs troupeaux, & contre le dommage des gens. Et il y a amende de 60 sols Parisis, si l'on mène aucune bête à laine en pâture dans des marais communs. Art. 56.

54. On ne parlera point ici des coups de bâton, trop scrupuleusement distingués pour nos mœurs, d'avec les coups de poing par l'Art 64.

65. Nous observerons seulement l'Art. 65, qui, dans la poursuite des amendes qu'on vient de voir, ne veut pas qu'on s'en

rapporte au serment des Huissiers, passé 5 sols.

SECTION II.

Droits propres aux Hauts-Justiciers seulement.

ARTICLE Ier.

De la Jurisdiction proprement dite.

ELLE poursuit toute sorte de crimes, 12.
même ceux de rapt, de meurtre & d'incendie. Art. 12. A plus forte raison le crime de fausses mesures, Art. 6, &
celui des bornes déplantées, Art. 59. 6 & 59.

ARTICLE II.

Du droit de Fisc.

Le Haut-Justicier a le droit de con- 12.
fiscation. Art. 12.

COUTUMES LOCALES

de Lens.

La confiscation n'y a pas lieu. Art. 7.

ARTICLE III.

De la Police.

12. Le Haut-Justicier a la grande Police suivant l'Art. 12, qui lui permet de faire, de publier & d'afficher des Réglemens généraux & des Ordonnances dans l'étendue de sa Seigneurie.

CHAPITRE III.

Des droits de Bannalité & de Terrage.

34. 52. 61 & 63. LA Coutume décide Art. 34, 52, 61 & 63, que ni la Bannalité ni le Terrage ne sont droits de Justice; qu'ils n'y sont point inhérens par leur nature; & que de ce qu'on a Justice ou Fief, il ne faut pas conclure qu'on ait droit de Terrage ni de Bannalité.

Mais aussi le Terrage peut appartenir à quiconque n'a ni Justice ni Seigneurie. Et tel n'a point de Justice, qui peut avoir la Bannalité. *Ibid.*

SECTION PREMIERE.

De la Bannalité.

SUivant l'Art. 52, pour prétendre à la Bannalité, il faut faire apparoir, soit d'un Titre particulier, soit d'Actes de possession, soit d'une longue jouissance. 52.

Alors ceux qui enfreignent la Bannalité, payent 60 sols d'amende, & perdent ce qu'ils vouloient faire moudre & cuire ailleurs, avec le sac qui le renfermoit. Art. 61. 61.

SECTION II.

Du Terrage.

ON est obligé de payer le Terrage à peine de 60 sols d'amende. Art. 34. Et on ne peut enlever aucune chose des terres sujettes à cette charge, qu'après 34.

63. avoir évoqué le Terrageur. Quand il y auroit plus grand nombre de Terrageurs, il suffit d'en évoquer un; mais cela est nécessaire, à peine, pour chaque canton de terre, de 60 sols d'amende partageable à proportion entre les différens Terrageurs. Art. 63.

62. Par une conséquence naturelle, on ne peut bâtir sur ces sortes de terres labourables, ni les mettre en pré ou en pâture, sans le consentement du Terrageur. On ne peut à son préjudice laisser en friche ces terres plus de trois ans; sinon dès la quatrième année le Terrageur peut les labourer, les ensemencer & les dépouiller. Alors le Propriétaire ne peut point revendiquer cette dépouille, en offrant de rembourser les labours & les semences. Il est obligé d'attendre qu'elle soit faite, pour déclarer aux Terrageurs son intention de rentrer dans son héritage. Et il le reprend, s'ils n'ont pas commencé à labourer, après leur première récolte. Art. 62.

TITRE

TITRE II.

Des Fiefs, des Censives ou Coteries, des Arrentemens & des Droits Seigneuriaux.

CE n'est que dans peu d'endroits que la Coutume parle des Censives, des Coteries ou des Rotures distinctivement d'avec les Fiefs.

Premièrement, elle ne traite des Fiefs en particulier, & exclusivement aux Rotures, qu'en matière,

1° De Foi & d'hommage.

2° De Quint.

3° De Commise.

4° De Démembrement ou Arrentemens.

5° De droit d'Aide.

Secondement, elle confond les biens tenus en Fiefs & en Roture, en matière,

1° De Dénombrement & de déclaration.

2° De Relief.

3° De Saisie Seigneuriale.

4° De Retrait Seigneurial.

5° De Réunion.

46 & 47. Troisièmement, ce n'est que des héritages Cotiers qu'elle parle, Art 46 & 47.

69. 70. 79. 109. 192 & 193. Quatrièmement enfin, la Coutume ne parle qu'en général de *Droits Seigneuriaux* pour vente, & que de vente d'*héritages* en général dans les Articles 69, 70, 79, 109, 192 & 193.

Mais ces Articles & les 46 & 47 trouveront leur place dans les trois Chapitres qu'on va voir.

Le premier concernant les droits particuliers aux Fiefs.

Le second, touchant les droits communs aux Fiefs & aux Rotures.

Et le troisième, qui contiendra certaines prérogatives isolées, tant des Fiefs que des Censives.

CHAPITRE PREMIER.

Des Droits particuliers aux Fiefs.

SECTION PREMIERE.

De la Foi & de l'Hommage.

LE Seigneur peut faire une sommation à tous ses Vassaux de lui faire la 37.
foi & l'hommage. Mais cette sommation doit être publiée à l'Eglise, ou à la place publique du Chef-lieu, & doit leur accorder quarante jours de délai. Ce tems passé, il peut faire saisir les Fiefs & faire les fruits siens, faute de prestation des droits demandés, Art. 37.

S'ils font la foi & l'hommage, les 17.
mêmes ne peuvent plus y être contraints une seconde fois, nonobstant mutation de Seigneur. Art. 17.

24. On y admet le Curateur établi à un Fief vacant ; s'il diffère trop, & même avant qu'il soit créé, le créancier de celui dont l'héritage est vacant peut faire les devoirs en question, & il prélévera ses frais & ses déboursés sur les biens de la Curatelle, Art. 24.

25. Mais si le Seigneur n'est servi par personne, il saisit le Fief, il le réunit au gros de son Fief, à sa Table. Et comme il fait les fruits siens, alors il ne peut exiger aucuns arrérages des rentes féodales échus pendant cette réunion. Seulement les arrérages échus au premier moment de la saisie, il les répete contre son Vassal rentrant dans le Fief, après les devoirs acquittés, Art. 25.

SECTION II.

Du Quint.

IL est dû,

1° Pour la Vente.

2° Pour l'Echange.

3° Pour le Bail d'héritage en Fief.

4° Pour l'Assiette de l'hypothèque.

5° Pour le Don ou la Donation.

Sur les Articles qui pourront concerner les droits Seigneuriaux des Rotures, je ferai la même analyse suivant l'ordre des matières, pour ne pas me répéter dans le second Chapitre qui suivra.

ARTICLE PREMIER.

De la Vente.

Aucune vente n'est affranchie du 28.
Quint, Art. 28.

Mais la faculté de réméré, exercée 67.
au desir du Contrat, n'y donne point

ouverture. On ne regarde point comme une acquisition d'héritages le rachat des rentes qui y étoient hypothéquées. Il n'en est donc pas dû de Quint non plus Art. 67. D'ailleurs, comme
68 & on le verra plus bas, Art. 68 & 69, le
69. Seigneur avoit pris son Quint de ces rentes hypothéquées.

192 & Nuls droits Seigneuriaux, non plus
193. pour la déclaration de Command que fait, soit un Adjudicataire par decret, soit un Acquéreur volontaire. Il n'est dû que ceux de la première adjudication ou vente, pourvu que la déclaration de Command ne paroisse pas être mise à prix d'argent. Alors ce seroit comme une seconde vente, qui engendreroit de nouveaux droits Seigneuriaux. Art. 192, 193.

29. C'est le Vendeur qui doit le Quint, dont il est obligé à acquitter l'Acquéreur envers le Seigneur Féodal; car le Seigneur n'est point tenu d'accorder la Saisine à l'Acheteur, qu'il ne soit payé

du Quint. D'où j'infère que c'est contre lui qu'il a action, & que vraisemblablement il n'en a point contre le vendeur, raison pour laquelle l'acquéreur a son recours contre le vendeur, qui est tenu d'acquitter l'acquéreur. Art. 29.

Mais la convention peut déroger à 28.
la Coutume, comme lorsque la vente est faite francs deniers. Alors l'acheteur paye le Quint, sans recours contre le vendeur. Mais le Seigneur prend outre ce Quint, le Quint de ce Quint, qui est censé faire partie du prix; & c'est ce second Quint qu'on appelle Venteroles. Art. 28.

La clause de francs deniers ne dé 29.
charge point le vendeur du droit d'issue des choses qui y sont sujettes. Il le paye, ainsi que l'acquéreur paye celui d'entrée. C'est la moitié du droit pour chacun des deux. Art. 29.

COUTUMES LOCALES

de la Ville de S. Omer.

Il n'eſt dû aucun droit Seigneurial en cas d'aliénation de Maiſons, de rentes ou d'héritages non tenus en Fiefs, ſitués en la Ville de S. Omer. Il n'en eſt pas dû non plus dans la Banlieue pour les Rotures tenues des Mayeur & Echevins. Art. 34.

D'Audruicq & de Brédenarde.

Les droits Seigneuriaux de la vente ſont dûs par les acquéreurs ſans Venteroles. Art. 7 & 8.

ARTICLE II.

De l'Echange.

16. L'Echange donne ouverture au Quint.

1° Lorſqu'il eſt fait de deux héritages mouvans de deux Seigneuries différentes.

2° Pour des héritages relevant d'une

même Seigneurie, les droits Seigneuriaux ne ſont dûs que de la ſoulte ou de la récompenſe en deniers que l'un des deux permutants paye à l'autre, pour égaler le troc. Art 66.

ARTICLE III.

Bail d'Héritage, ſoit en Fief, ſoit en Arrentement.

Quiconque baille en Fief partie de 32.
ſon Fief, ſuivant les formalités preſcrites ci-après (Section IV.) mais à prix d'argent, doit le Quint. Art. 32.

Si cette portion de Fief n'a été bail- 53.
lée qu'en arrentement, mais avec les formalités requiſes à l'endroit cité, le Bailleur aura les droits Seigneuriaux de la vente que le preneur fera de cet arrentement à un autre. Art. 53.

Ils ſont encore dûs pour arrentemens 47.
d'héritages Cotiers, faits moyennant une ſomme une fois payée, outre le ſurcens ou la rente, & même quand il

n'y auroit rien de ſtipulé que le rachat de cette rente ou de ce ſur-cens. Alors le principal de ce rachat donne ouverture à des Droits. Art. 47.

46. Mais il n'en eſt pas dû hors de ces deux cas, pour de pareils arrentemens.

1° Parce que la Coutume n'aſtreint les Seigneurs dominans à les accorder, qu'à condition en leur faveur de quelque gracieuſe reconnoiſſance annuelle, pour la rente retenue par le Bailleur.

2° Parce que le preneur devient auſſi l'homme du Seigneur dominant pour le fonds des héritages ; ſi bien que l'homme de la rente & du ſur-cens doit pareil relief & pareil droit que l'homme du fonds, Art. 46.

ARTICLE IV.

Aſſiette d'hypothèque.

68. Le Quint eſt dû pour une rente viagère ou héritière, rachetable ou non-rachetable, aſſiſe & hypothéquée ſur un

Fief. Il ſe règle ſur le ſort principal, Art. 68.

La Coutume ſembleroit décider de 70
même d'une ſomme mobiliaire hypothéquée ſur un héritage pour plus de 20 ans; car elle ne veut point forcer le Seigneur d'accorder l'hypothèque pour un tems plus long. Et elle lui dénie les droits Seigneuriaux d'une hypothèque, dont la durée n'excède point ces 20 années. Art. 70.

Quoiqu'il en ſoit, le Quint de l'hy- 69
pothèque une fois acquitté, le Seigneur doit en tenir compte, lorſqu'enſuite le même héritage vient à être vendu. Il n'a de droits Seigneuriaux qu'à concurrence de ce dont le prix excède le ſort principal de la rente anciennement hypothéquée, Art. 69.

COUTUMES LOCALES

du Pays de Lallœu.

Il n'eſt point dû de droits Seigneuriaux pour rentes conſtituées & hypothéquées sur des héritages sujets à l'Echevinage, Art. 10.

De Bapaume.

Ni même quand une somme mobiliaire, ou des rentes héritières ou viagères, rachetables ou non, seroient hypothéquées sur des Fiefs, Art. 5.

ARTICLE V.

Don ou Donation.

28. Pour prendre le Quint des Fiefs donnés ou aliénés sans assignation de prix, les hommes du Seigneur dominant doivent en faire à ses dépens la prisée. Art. 28.

79 & 109. Mais la Coutume affranchit du Quint & des droits Seigneuriaux les dons.

1° En avancemens d'hoirie & de succession, faits.

2° A l'héritier apparent, Art 79.

3° Quand même le Donateur retiendroit sur les héritages un viager ou un usufruit, Art. 109.

Point de droit Seigneurial non plus 169.
pour l'appréhension du douaire coutumier, Art. 169.

Mais en est-il dû pour le douaire préfix assigné sur un héritage ? Question.

COUTUMES LOCALES

du Pays de Lallæu.

Nul droit Seigneurial dans le cas de vraie donation, à moins de titre au contraire, Art. 8.

SECTION III.

De la Commise.

LE Vassal, par désaveu, commet & 21.
forfait son Fief au profit de son Seigneur, quoique ce Seigneur n'ait point de Haute-Justice, Art. 21.

SECTION IV.

Du Démembrement ou du Bail, & des arrentemens de Fiefs.

32. LA Coutume met une grande différence entre le bail de Fief & l'arrentement de Fief.

Bailler en Fief, c'est donner une partie de son Fief à quelqu'un pour être tenue en Fief du bailleur.

Au lieu qu'arrenter une partie de son Fief, c'est la donner à charge de cens ou de rente foncière.

44. La preuve de cette différence résulte de l'Art. 44, qui dit que tous arrentemens de Fiefs se partagent également entre les héritiers du preneur. Ce ne sont donc que des censives, des Rotures. Mais ils ne se partagent plus également, s'ils sont nommément baillés, pour être tenus en Fief. Rien de plus clair.

Le bail de Fief est quelquefois nul.

L'arrentement de Fief ne l'est jamais.

Car il y a une grande différence entre la nullité & l'impossibilité où est le bailleur de forcer son Seigneur direct d'agréer un arrentement.

Tel bailleur qui ne peut forcer le consentement de son Seigneur en Justice réglée, s'y peut faire payer de l'arrentement même par le preneur.

Au lieu que le bail en Fief peut quelquefois être nul d'une nullité absolue.

En effet, tel est le procédé de la Coutume.

1° Pour le bail de partie d'un Fief en Fief, elle suppose qu'il est fait par un Seigneur Vicomtier ayant un ou plusieurs hommes féodaux, & voulant par-là que sa Cour soit servie, & sa Justice maintenue & exercée. Alors il n'a point à requérir le consentement de son Seigneur direct, Art. 32. 32.

La Coutume ne dit point ce que seroit,

ce que deviendroit un bail en Fief, fait par un Seigneur qui ne seroit pas Vicomtier, qui n'auroit point d'hommes féodaux, qui n'auroit ni Cour à faire servir, ni Justice à exercer. De ce silence je conclus la nullité d'un pareil bail.

32. J'avoue néanmoins que la Coutume ne prononce disertement la nullité que du bail en Fief régulier dans son principe, mais fait à prix d'argent, sans avoir été reconnu par le Seigneur direct, ou lui dûment appellé, Art. 32.

41.45. & 53. 2° Quant au bail de Fief en arrentement, qui, suivant les Art. 41, 45 & 53, est valablement fait sans le consentement du Seigneur dominant, par le Seigneur même du Fief ayant Justice & Seigneurie; il n'est pas également nul, à défaut de ces conditions; car la Coutume ne garde point le silence sur cette supposition inverse du bail de Fief en arrentement. Elle prévoit ce cas, & en marque les effets.

41 & 45. 1° A défaut de Justice & de Seigneu-

rie, on ne peut point bailler ſon Fief en arrentement ſans le congé de ſon Seigneur, Art. 41. Et ce Seigneur n'eſt pas tenu d'accorder un ſemblable arrentement, Art. 45.

2° En cet état l'arrentement eſt privé de deux effets.

Le premier qui ſeroit pour le bailleur d'avoir le relief ou les droits Seigneuriaux de l'arrentement changeant de main, Art. 53. 53.

Le ſecond, qui ſeroit d'empêcher le Seigneur dominant de ſaiſir, dans l'occaſion, la partie du Fief donnée en arrentement, Art. 42. 42.

L'arrentement d'un Fief qui n'a ni Juſtice, ni Seigneurie, fait ſans le conſentement du Seigneur dominant, n'a ni l'une ni l'autre vertu. Et même l'Article 42 ajoûte que le Seigneur peut ſaiſir tout le Fief, s'il le trouve ouvert, ſans en excepter ce qui eſt entré dans un pareil bail, nonobſtant le laps de tems le plus long, depuis que ce bail est passé ; *puisque* ce bail, dit la Coutume, n'est reconnu en sa Cour ou autre Souveraine, & que d'icelui ledit Seigneur peut prétendre juste cause d'ignorance.

La Coutume ne dit point, puisque ce bail est nul. C'étoit pourtant là l'occasion toute naturelle de frapper la nullité, si elle eût jugé nul un pareil bail.

D'où je conclus qu'il est valable, du moins à l'encontre du preneur, & de tous autres que le Seigneur même dominant.

43. Au surplus tous arrentemens, quels qu'ils soient, doivent être réalisés, ou devant les hommes des bailleurs, ou devant le Seigneur suzerain, en y appellant les Seigneurs bailleurs. Mais c'est l'affaire des preneurs de remplir cette formalité commune à toutes les autres acquisitions faites en Artois. Sans quoi, & suivant le principe général de cette Coutume en matière de propriété, les acquéreurs des Seigneuries, dont

partie a été donnée en arrentement, ne sont point tenus de le reconnoître ni de l'entretenir; Art. 43.

SECTION V.

Du droit d'Aide.

TOut Haut-Justicier & Vicomtier a droit d'Aide sur ses hommes de Fiefs & ses Vassaux, quand son fils aîné reçoit l'Ordre de Chevalerie, ou qu'il marie sa fille aînée, & en l'un des deux cas seulement. Ce droit est la même somme que des reliefs des Fiefs sans cambellage. Et il doit se demander par évocation ou assignation, & ne peut pas être poursuivi autrement, Art. 38. 38.

COUTUMES LOCALES

de Bapaume.

Le droit d'Aide n'est point dû au Seigneur Vicomtier, Art. 1.er.

CHAPITRE II.

Des Droits communs aux Fiefs & aux Rotures.

SECTION PREMIERE.

Du dénombrement des Fiefs & de la déclaration des Coteries.

POur plus de brièveté, je n'énoncerai que le dénombrement, les Vassaux & les Fiefs : & cela s'entendra également des déclarations, des Coteries & des Censitaires.

14. La sommation pour le dénombrement doit précéder en la même forme & avec les mêmes délais que pour la foi & l'hommage. (Vid. Sup.) Art. 14.

18. Du défaut de dénombrement suit également la saisie de l'héritage, mais sans perte de fruits. Le Seigneur est mê-

me tenu d'en rendre compte au Vaſſal. Le Vaſſal rembourſe ſeulement les frais de ſaiſie, de moiſſon & de garde des fruits, Art. 18.

Et même le Seigneur doit faire main- 15.
levée auſſi-tôt qu'on lui offre, ou à ſes Officiers de Juſtice, un dénombrement même inſuffiſant. Dès qu'on lui rembourſe les miſes de Juſtice, il faut qu'il prenne le dénombrement, ſauf à le contredire après quarante jours d'examen. Ce tems écoulé, il doit, dans un autre pareil délai, ou donner récépiſſé du dénombrement aux dépens du Vaſſal, ou fournir, ſoit de débats, ſoit de contredits en ſa propre Juſtice, s'il eſt néceſſaire. Sinon, & après ce ſecond terme expiré, ſans contredit de ſa part, le dénombrement demeure pour reçu & accordé, Art, 15.

L'Art. 36 dit que le Seigneur peut 36.
enjoindre à ceux qu'il enſaiſine de donner leurs dénombremens dans quarante jours. Donc il ne peut pas refuſer la

saisine, sous prétexte que le dénombrement ne lui a pas été fourni. Pourquoi ? Parce qu'il n'y a changement, ni de propriété réelle, ni de possession de Droit, sans la saisine du Seigneur ; ainsi jusqu'à ce qu'elle soit accordée, il n'a droit de demander ni foi, ni hommage, ni dénombrement. Mais aussi cette saisine donnée sans injonction de fournir le dénombrement, ne peut pas rendre le Seigneur non-recevable à le demander.

17. Le Vassal ne doit aussi qu'une fois en sa vie le dénombrement, Art. 17, comme on l'a dit de la foi & de l'hommage.

Il n'en doit qu'un pour plusieurs héritages mouvans d'un seul Seigneur & d'une même Seigneurie, Art. 17.

SECTION II.

Des Reliefs.

NOus rapporterons d'abord les maximes générales des Reliefs.

Enſuite nous en expliquerons les différentes ſortes.

Enfin nous remarquerons ceux qui ne doivent pas de Relief.

ARTICLE Ier.

Maximes générales des Reliefs.

L'Art. 20 dit que ſi les héritages ne 20.
ſont relevés & droiturés dans le tems preſcrit, ſçavoir le Fief dans quarante jours, les Coteries & les mains-fermes dans ſept, ils reviennent de plein droit à la Table du Seigneur, dont ils ſont tenus, & qui a droit d'en regaler, prendre & appliquer à ſon profit les profits, Art. 20.

53. Il n'y a que le Seigneur dominant à qui ce droit soit dû. Tel est entr'autres le Propriétaire d'un Fief, qui en a donné une partie en arrentement, avec les formalités ci-dessus prescrites. Un pareil bailleur a droit de Relief à l'ouverture de la partie arrentée, Art. 53.

23.71. 92 & 101. C'est sur-tout à l'ouverture des successions directes ou collatérales que les Reliefs sont dus, Art. 23, 71, 92 & 101.

24. Et si la succession est abandonnée, le Curateur qu'on y crée est obligé de payer le Relief. Même le Créancier du Défunt peut acquitter ce droit, avant qu'il y ait encore de Curateur établi, & il en reprend la somme sur les biens de la Curatelle par prélèvement, Art. 24.

22. Les Reliefs sont si favorables, que le Seigneur peut, pour une même chose, les recevoir de plusieurs personnes. Ensorte qu'il n'est pas tenu de les restituer à ceux qui seroient évincés de l'héritage relevé, Art. 22.

Cependant

Cependant la non-preſtation des Re- 23.
liefs n'opère pas toujours de plein droit la réunion de l'héritage à la Manſe Seigneuriale, Art. 23.

Si le Seigneur, non ſatisfait à cet égard, a laiſſé jouir des héritiers pendant un an & un jour, il faut qu'il ſaiſiſſe d'abord, pour procéder enſuite à la Régale, qu'il leur faſſe ſignifier la ſaiſie, & qu'il leur aſſigne jour, en cas d'oppoſition de leur part, Art. 23.

Alors, ou ils offrent de payer le Relief, auquel cas ils doivent obtenir main-levée, en purgeant les dépens, Art. 23.

Ou ils contrediſent ce droit, & requièrent main-levée. Mais on ne doit la leur accorder qu'autant qu'ils le nantiſſent, Art. 23.

Autrement, s'ils ne payent ni ne conſignent réellement avant la dépouille de l'héritage, le Seigneur fait la dépouille ſienne, Art. 23.

COUTUMES LOCALES.

Il n'eſt point dû de Relief des Rotures ſiſes dans les Villes ci-après nommées, Cout. de la Ville de S. Omer, Art. 33. Coût. du Pays de Lallœu, Art. 15. Coût. de Bapaume, Art. 13, ni même pour les Fiefs, Coût. de la Ville d'Heſdin de 1627, Art. 6.

ARTICLE II.

Des différentes ſortes de Reliefs.

1° Du Relief confuſément dit.

2° Du Relief ſimple ſans cambellage.

3° Du Relief ſimple avec cambellage.

4° Du double Relief avec cambellage.

NOMBRE PREMIER.

Du Relief confuſément dit.

Je fais cette remarque, à cauſe de nombre d'Articles de la Coutume, qui parlent de Relief en général, sans distinguer les autres sortes de Reliefs que je viens d'énoncer.

C'est Relief confusément dit dans les Articles 20, 22, 23, 24, 53, 71, 84, 85, 92, 101, 102 & 158.

Nous venons d'analyser dans l'Article précédent les Articles 20, 23, 24, 53, 71 & 92; nous produirons l'Art. 158 dans le nombre qui suit. Reste à expliquer les Art. 84, 85, 101 & 102.

Les Art. 101 & 102 veulent que le Quint ou la portion d'un Fief se droiture à pareil Relief que le Fief même entier, & que chaque portion ait la même prérogative que le principal Fief. 101 & 102.

Suivant les Art. 84 & 85, il n'est dû qu'un droit de Relief des héritages échus à des héritiers, par un partage que le défunt avoit fait entre-vifs, s'ils n'appréhendent leurs portions qu'après son trépas.

COUTUMES LOCALES

du Bailliage d'Aire.

Il est dû double Relief, si les biens sont appréhendés du vivant du partageant, sinon & après sa mort, simple Relief & cambellage, Art 25.

NOMBRE II.

Du Relief simple sans cambellage.

26 & 27. Ce Relief est dû par le Mari à cause du bail de sa femme, Art. 26, 27, &
158. par le Baillistre des mineurs, Art. 158, indépendamment du Relief qu'elle avoit payé avant d'être mariée, & du Relief & du cambellage que le Baillistre des mineurs doit payer pour le fonds de leurs héritages.

27. Faute de payement par le mari, trois mois après le mariage consommé, le Fief est saisi ; les fruits appartiennent au Seigneur, comme pour le Relief principal, Art. 27.

Le bail des mineurs, s'il est également négligent, ne peut, ni profiter des fruits de leurs héritages, ni les faire siens durant son bail, Art. 158. 158.

On ne parlera ici du droit d'Aide 38. expliqué plus haut, que parce qu'il ne consiste aussi qu'en un Relief simple sans cambellage, Art. 38.

COUTUMES LOCALES.

Il n'est point dû de Relief de bail, ni par le mari, ni par le gardien des mineurs, à moins d'un titre au contraire, Cout. du Bailliage de S. Omer, Art. 13 & Art. 33. Cout. de la Ville de S. Omer, Art. 9 & 35. Cout. du Bailliage d'Aire, Art. 8 & 60.

NOMBRE III.

Du simple Relief avec cambellage.

L'Art. 26 ajoûte que si le Fief est 26. échu à la femme pendant le mariage, il n'est dû qu'un Relief & un cambellage pour le fonds.

79. Il n'en eſt pas dû davantage par les héritiers apparens donataires, qui n'appréhendent qu'après la mort de leur Donateur les héritages qui leur avoient été donnés en avancement d'hoirie & de ſucceſſion, Art. 79.

Nombre IV.

Du double Relief avec cambellage.

79. Mais s'ils les appréhendent du vivant du Donateur, ils doivent double Relief & un cambellage, Art. 79.

Coutumes Locales.

Ils ne doivent toujours que ſimple Relief & cambellage pour les Fiefs ; & un ſimple Relief pour les Coteries, comme ſi les pere & mere donateurs étoient décédés. Cout. de la Ville de S. Omer, Art. 36. Cout. du Bailliage de S. Omer, Art 20. Ils ne doivent aucun droit, pas même de Relief, Cout. de Lalloeu, Art. 9.

ARTICLE III.

De ceux qui ne doivent pas de Relief.

L'Art. 26 dit que la femme n'est 26.
pas tenue de relever une seconde fois, après la mort de son mari, tout Fief dont elle aura été une fois saisie.

Quiconque, suivant l'Art 109, don- 109.
ne à son héritier apparent en avancement d'hoirie & de succession, ne doit aucun droit aux Seigneurs, pour le Viager ou l'usufruit qu'il a retenu.

Enfin, nous avons déja vu l'Art. 169.
169, qui affranchit de tout droit Seigneurial l'appréhension du douaire coutumier.

SECTION III.

Des Saisies Seigneuriales.

1°. DEs différentes causes des saisies.

2° De leurs différens effets.

Article Ier.

Des différentes causes des Saisies.

37. La première est le défaut de foi, d'hommage & de serment de fidélité, dans les quarante jours, à compter depuis la sommation en forme, Art. 37.

23 & 27. La seconde est le défaut de payement de Relief, soit par l'héritier que le Seigneur a laissé jouir durant un an & un jour, soit par le mari, bail de sa femme, trois mois après le mariage consommé, Art. 23 & 27.

16. La troisième est le défaut de payement des rentes Seigneuriales & même foncières, Art. 16.

14. 15. & 18. La quatrième & dernière cause de la saisie Seigneuriale est le défaut de présentation, soit de dénombrement de Fiefs, soit de déclaration de Coteries, après les quarante jours de la sommation, Art. 14, 15 & 18.

COUTUMES LOCALES
du Bailliage d'Aire.

Les Seigneurs ne peuvent faire saisir à défaut de payement des rentes surcensières. Ils doivent se pourvoir par simple action, Art. 16.

ARTICLE II.
Des différens effets de la Saisie Seigneuriale.

1° Il n'y a que les trois premières 16.23.
causes de saisie ci-dessus déduites, qui 25.27.
entraînent la perte des fruits au profit & 37.
du Seigneur. Il les fait siens, & réunit les héritages à sa Table & au gros de son Fief, Art. 16, 23, 25, 27 & 37. Même la saisie pour rentes non payées, donne droit au Seigneur de bailler les héritages à nouvelles rentes, jusqu'à ce que les arrérages des anciennes soient purgés par le Propriétaire débiteur, Art. 16. 16.

16. Cependant, comme après cette saisie pour rentes, le Seigneur doit faire trois criées & trois publications pendant trois Dimanches au sortir de l'Eglise, les débiteurs peuvent y former opposition. Et ils doivent avoir main-levée, en nantissant, ou en donnant caution sujette à la Justice du Seigneur, pour les arrérages prétendus, Art. 16.

23. De même on a vu que l'héritier qui s'oppose à la saisie, en nantissant, ou en payant le droit de Relief avant la dépouille de l'héritage, doit avoir main-levée, Art. 23.

25. Enfin nous avons déja rapporté l'Art. 25, qui défend au Seigneur saisissant avec gain entier des fruits, de demander aucunes rentes échues pendant sa jouissance. Il ne peut, contre le Propriétaire rentrant dans les héritages, demander que les arrérages échus précédemment à la saisie.

45 & 2° La quatrième sorte de saisie, plus
18, haut expliquée, qui est causée du dé-

faut de dénombrement, n'emporte point perte de fruits. Le Seigneur doit rendre compte des fruits, lorsqu'on lui fournit le dénombrement, qui, suffisant ou insuffisant, reçevable ou non, opère toujours la main-levée, Art. 15 & 18.

SECTION IV.

Des Retraits Seigneuriaux.

1° De leur étendue.
2° De leurs effets.
3° De leurs formalités.

ARTICLE Ier.

De leur étendue.

1° Les Coteries, aussi-bien que les 116.
Fiefs, sont sujets au Retrait Seigneurial, Art. 116.

2° Ce Retrait s'exerce également sur 122.
les héritages vendus par decret de Justice au plus offrant & dernier enchérisseur.

124. 3° Mais le Retrait lignager eſt préféré à celui du Seigneur. Sur lui le parent lignager peut retraire les héritages patrimoniaux dans l'année qui ſuit le Retrait fait par le Seigneur, Art. 124.

COUTUMES LOCALES

de Bapaume.

Les héritages Cotiers ſis dans l'Echevinage, ne ſont point ſujets à ce Retrait, Art. 9.

ARTICLE II.

Des effets du Retrait Seigneurial.

116 & 118. 1° L'héritage Retrait eſt réuni à la Table du Seigneur. Il eſt reconſolidé au Fief principal, dont il ſortit la nature en toutes choſes, Art. 116 & 118.

125. 2° Le Seigneur peut ne retraire, & ne peut retraire que le Fief ou les héritages de ſa mouvance, quoique vendus par un ſeul & même Contrat avec d'autres biens, Art. 125.

Article III.

Des formalités du Retrait Seigneurial.

1° Pour l'exercer, il faut rembourser à l'acheteur le prix de la vente, les frais & les loyaux-coûts, Art. 116. 116.

2° Il faut que le Retrayant n'ait ni traité du droit Seigneurial à lui dû, ni rien reçu, ni donné souffrance pour ce droit. Autrement le Seigneur ne pourroit plus user du Retrait, quand même l'acheteur ne seroit point encore saisi, Art. 122. 122.

3° Car d'un autre côté il faut que le Retrait soit intenté avant la saisine ou la tenue de droit accordée par le Seigneur, par son Bailli ou son Lieutenant, Art. 116. 116.

4° Par conséquent c'est aussi-tôt après que les vendeurs des héritages en ont fait la désaisine entre les mains du Seigneur, qu'il doit, en la retenant, délibérer s'il les retraira ou non. Pour 117.

cela il n'a que quarante jours de délai, après lesquels il est privé & forclos du Retrait de l'héritage en question; mais en cas de mise de fait, il peut retraire, tant que la cause est entière & non contestée par défenses péremptoires, quoique les quarante jours soient écoulés, à compter du jour de la mise de fait, Art. 117.

SECTION V.

De la Réunion.

1° De celle qui est incommutable.

2° De celle qui n'est que provisionnelle.

Article Ier.

De la Réunion incommutable.

118. 1° Les héritages retraits par jouissance de Fief sont réunis & consolidés à la Manse du Seigneur, comme on vient de le voir Art. 118.

Mais si le Seigneur achetoit le Fief 118.
de son Vassal, ou que le Fief fût échu au Seigneur par succession, le Fief garderoit sa première nature, & demeureroit entièrement séparé, comme il étoit auparavant. Il en est de même du Fief dominant que le Vassal a acquis, Art. 118.

2° La commise de Fief, causée par le désavœu du Vassal, opère une réunion absolue du Fief à la Table du Seigueur dominant, Art. 21. 21.

ARTICLE II.

De la Réunion simplement provisionnelle.

1° Telle est celle qui s'opère de plein 20.
droit à défaut de payement du Relief, aussi-tôt après l'ouverture d'une succession, Art. 20. Le Seigneur ne jouit de cette réunion, que jusqu'à ce qu'il se soit servi de ses droits, Art. 25. Le Vassal 25.
est imprescriptiblement en droit de payer le Relief en tout tems. En tout 30.

tems donc il eſt recevable à rentrer dans ſa choſe, Art. 30.

16.23. 2° La réunion, qui, ſans contredit,
25.27. s'opère, non pas de plein droit, mais
30 & par les ſaiſies qu'on a vu qui entraî-
27. nent perte de fruits, ceſſe naturellement par la main-levée de ces ſaiſies.
Or la main-levée ne peut être refu-
ſée à ceux qui enfin portent la foi &
l'hommage, payent les droits, font les
devoirs, & acquittent les rentes, Art.
16, 23, 25, 27, 30 & 37.

14.15. 3° Enfin la ſaiſie faite à défaut de
& 18. dénombrement ne produit nulle ſorte
de réunion, puiſque le Seigneur ne
gagne aucuns fruits, Art. 14, 15 & 18.

CHAPITRE III.

De quelques Prérogatives des Censives & des Fiefs.

PEndant quelque long-tems que le 30.
Seigneur ait joui d'un héritage saisi ou réuni à sa Table, à défaut de devoirs non faits, ou de droits non payés, il ne peut jamais prescrire la propriété contre son Vassal, qui, en tout tems, peut rentrer dans son bien, en faisant les soumissions, & en acquittant les charges requises, Art. 30.

De même le Vassal ne peut pres- 31.
crire contre son Seigneur l'acquisition de droit, en ce qui concerne la hauteur de la Justice & la Seigneurie de son supérieur. Mais en ce qui touche les rentes, les redevances ou les servitudes, il peut prescrire contre son Seigneur, Art. 31.

102. Le Quint héréditaire des enfans puînés, & même la portion du Quint d'un Fief, se droiturent à pareil Relief que le Relief principal. Et chaque portion est tenue avec la même prérogative que le principal Fief, Art. 102.

135. En fait d'acquisition des héritages féodaux, le mari est seul acquéreur. Et si la femme alors n'est saisie actuellement, elle n'y peut prétendre droit de propriété, Art. 135.

191. Le Seigneur, pour ses rentes Seigneuriales & ses droits Seigneuriaux, est préféré sur le prix de l'adjudication par decret à tous créanciers hypothécaires ou autres, Art. 191.

COUTUMES LOCALES.

Le Vassal ne peut pas même prescrire le fonds de la rente ou de la reconnoissance actuelle due au Seigneur, à cause d'un Fief, sauf la quotité ou la prestation des arrérages. Cout. des Bailliage & Ville de S. Omer, Art. 7

& 31. Cout. du Bailliage d'Aire, Art. 17.

Outre les Coteries & les Fiefs, il y a dans l'étendue du Bailliage de Saint-Omer des Terres franches, improprement nommées Francs-Aleux; car elles sont sujettes à rapport, à la déclaration & au service de Plaids. Mais il n'en est dû aucun droit, ni en cas de vente, ni en cas de mort. Et ils se partagent également entre les héritiers d'un défunt, Art. 7 & 8 de la Cout. du Bailliage de S. Omer.

TITRE III.

Des Hypothèques, & de la manière d'en acquérir les Droits & les autres Droits réels sur les Héritages.

1° DE la manière d'acquérir la propriété.

2° De la manière de s'immiſcer dans une exécution teſtamentaire, & d'acquérir l'uſufruit du douaire coutumier.

3° De la manière d'acquérir hypothèque.

4° De la durée & des effets de l'hypothèque.

SECTION PREMIERE.

De la manière d'acquérir la propriété.

POur acquérir droit réel dans les hé- 71.
ritages à titre, ſoit de ſucceſſion, ſoit de don, ſoit d'achat, ſoit d'échange, ſoit de toute autre aliénation, il faut faire appréhenſion de fait de ces héritages. Ainſi à titre de ſucceſſion, il faut les relever des Seigneurs immédiats, de qui ils ſont tenus & mouvans. A tout autre titre, il faut, en évoquant ceux que cela regarde, les appréhender par deſſaiſine & par ſaiſine faite pardevant les hommes, ou en la Cour du Seigneur direct, ou par miſe de fait tenue & decrétée de droit par la Juſtice du Seigneur immédiat, ou autre Juſtice ſupérieure & ſuzeraine. Autrement, ſans l'obſervation de ces voies, perſonne ne peut valablement, par ſucceſſion ni autrement, tranſporter ni

transmettre aucun héritage à autrui, Art. 71.

43. Par la même raison, nous avons vu l'Art. 43 décider que les arrentemens que les Seigneurs font de partie de leurs Fiefs, ne sont pas réputés réalisés pour contraindre les acquéreurs des Seigneuries à entretenir ces arrentemens, s'ils ne sont notifiés & réalisés pardevant les hommes de ces Seigneurs mêmes, ou pardevant leur Suzerain, en y appellant ces Seigneurs.

SECTION II.

De la manière de s'immiscer dans une exécution testamentaire, & d'acquérir l'usufruit du Douaire coutumier.

182. LEs Exécuteurs d'un Testament & des dernières volontés d'un défunt, ne peuvent s'entremettre d'une telle exécution, sans avoir fait appréhension judiciaire des biens de la succession desquels ils

sont tenus de rendre compte, Art. 182.

La douairière, pour profiter du douaire coutumier, est tenue de faire appréhension de fait, en appellant l'héritier & les Seigneurs, dont sont tenus & mouvans les héritages où le douaire est assis. Et elle ne peut y rien lever ni cueillir, ni en profiter, qu'elle n'y soit tenue & décrétée. Mais le décret a un effet rétroactif à l'appréhension, Art. 167. 167.

SECTION III.

De la manière d'acquérir hypothèque.

JE ne vois qu'une hypothèque légale & tacite dans la Coutume d'Artois; c'est celle du douaire coutumier. Il le cède bien, suivant l'Art. 174, aux charges & aux rentes hypothequées avant le mariage. Mais il est preferé aux hypothèques subséquentes, & prises 174 & 175.

pendant la conjonction, ſuivant l'Art. 175.

166. Mais le douaire préfix, qui eſt plutôt l'effet des conventions que l'œuvre de la Loi, n'eſt pas également privilégié. Il n'eſt regardé que comme ſimple dette perſonnelle, pour venir à contribution ſur les biens du mari, avec tout autre créancier, en cas de déconfiture, Art. 166.

74. En un mot, il ſuit la règle générale ſuivant laquelle, ni ſentences, ni promeſſes, ni teſtamens, ni aucune ſorte d'obligations perſonnelles n'engendrent ni ſaiſine, ni hypothèque, ni réaliſation ſur les héritages du condamné, du promettant, du teſtateur ou de l'obligé.

75. Mais pour valablement charger ou hypothéquer des héritages, il faut uſer de l'une des trois voies introduites à cet effet. La première eſt la miſe de fait & la tenue de droit. La ſeconde eſt le rapport d'héritages fait en la main du Seigneur dont il eſt tenu, en préſence

ſence de ſes hommes. Et la troiſième eſt la Main-Aſſiſe du Comte d'Artois, ou d'un autre Seigneur ſuzerain ſur l'héritage, à laquelle on évoque la partie intéreſſée, & le Seigneur, dont l'héritage eſt tenu & mouvant, Art. 75.

SECTION IV.

De l'effet & de la durée de l'Hypothèque.

TOUS Propriétaires ou poſſeſſeurs 188.
d'héritages en tout ou en partie affectés au payement de quelques rentes hypothéquées, ſont ſoumis hypothécairement pour le tout au payement de ces rentes, tant qu'ils ſont occupeurs des héritages, Art. 188.

Mais l'adjudication par décret purge 190.
ces hypothèques, Art. 190.

D

TITRE IV.

Des Prescriptions.

72. QUiconque n'est point inquiété pour raison de charge ou de redevance annuelle, réelle ou personnelle, ou possède paisiblement un héritage, un droit réel, ou personnel, corporel ou incorporel, à titre, ou sans titre, pendant vingt ans continus & suivis, entre parties présentes, âgées & non priviléigiées, contre absens trente ans, & l'Eglise quarante ans; tel débiteur ou possesseur acquiert le droit de la chose par prescription ou longue jouissance. Ensorte que personne, après ce tems expiré, n'est recevable à faire aucune poursuite contre un pareil possesseur, Art. 72.

73. Il n'y a point de prescription des

biens immeubles ni des actions réelles ou personnelles, moindre que de vingt ans, Art. 73.

Nous avons rapporté ci-dessus les Art. 30 & 31, qui n'admettent point de prescription entre le Seigneur & le Vassal, pour raison de leurs droits & de leurs devoirs mutuels. 30 & 31.

L'Edit Perpétuel de 1611 a introduit en Artois une autre prescription, qui est celle de dix ans contre toutes rescisions des Contrats & de tous autres Actes, fondés sur la lésion même la plus énorme, sur le dol, sur la crainte ou la violence. Mais ce tems fatal ne commence à courir que du jour qu'ont été passés les Actes, ou que la crainte a cessé, ainsi que tout empêchement de droit ou de fait, Art. 29. Edit Perp. Art. 29.

TITRE V.

De la nature & de la condition des biens meubles & de leur aliénation, tant entre-vifs que teſtamentaire.

SAns parler des Fiefs & des Coteries aſſez détaillés ci-deſſus dans les deux premiers Titres, nous verrons

Dans un premier Chapitre les différentes eſpèces de meubles & d'immeubles ;

Dans un ſecond Chapitre, nous expoſerons les différentes manières d'aliéner.

CHAPITRE PREMIER.

Des Meubles & des Immeubles.

SECTION PREMIERE.

Des Meubles.

IL y en a qui ſont conſtamment meubles,

D'autres qui ne le ſont qu'à de certains égards.

ARTICLE PREMIER.

Des meubles conſtamment & toujours tels.

Toutes rentes conſtituées, viagères ou héritières, mais rachetables, ſoit qu'elles ayent été hypothéquées, ou réaliſées par main-aſſiſe, ou par rapport d'héritage, ſoit qu'elles ne l'ayent pas été, ſont réputées biens-meubles, Article 140. 140.

140. Mais ſi elles étoient non-rachetables, étant également hypothéquées, elles ſeroient cenſées immeubles. Alors elles tiendroient de la nature de l'héritage qu'elles affecteroient, Art. 140.

142. Un prêt de choſes agreſtes fait à des Fermiers par le Propriétaire avec priſée & eſtimation, eſt meuble, Art. 142.

COUTUMES LOCALES.

Ville & Cité d'Arras.

Tous héritages ſujets à la Loi dans la Banlieue & l'Echevinage de la Ville d'Arras ſortiſſent nature de meubles à tous effets, tant en matière de diſpoſition que de ſucceſſion. Et ils ne tiennent ni Cotte, ni Ligne. Il en eſt de même des rentes foncières non Seigneuriales dont ils ſont chargés, Art. 1 & 2. Ils ne ſont ſujets à aucun retrait lignager ou Seigneurial, ni au douaire coutumier, Art. 4 & 1er.

Du Pays de Lallœu.

Les rentes foncières non Seigneuriales, rachetables ou non, sont de même nature que les immeubles qu'elles affectent, Art. 12.

ARTICLE II.

Des Meubles qui ne le sont qu'à de certains égards.

La première relation qui décide de 146.
ces meubles, c'est la succession, où, suivant l'Art. 145, les Cateux sortissent nature de meubles.

Or il y a des choses existantes seu- 143.
les, & par elles-mêmes, qui sont toujours Cateux, tels que les blancs-bois, non-séans à coupe ordinaire, Art. 143.

Il y en a qui sont toujours Cateux, 144.
mais qui n'existent qu'avec d'autres biens beaucoup plus étendus, dont elles sont les dépendances. Ainsi on appelle Cateux, les Granges, les Etables, les Maréchaussées, Art. 144.

145. D'autres choses sont plus que des dépendances d'immeubles, mais en sont des parties inhérentes, comme tout ce qui peut se détacher des moulins à eau & à vent sans les détruire. Ces choses sont encore toujours Cateux, Art. 145.

141 & 142. Enfin il y a des choses qui, demeurant toujours les mêmes, ne sont pas toujours Cateux, comme les bleds verds & les avestures, héritages jusqu'à la mi-Mai, & qui ne sont Cateux que passé ce tems. C'est suivant les mêmes époques de la mort d'un Propriétaire, que varient de même les prêts qu'il avoit faits à ses Censiers ou à ses Fermiers, sans prisée ni estimation, Art. 141 & 142.

COUTUMES LOCALES

de la Ville d'Aire.

Les Maréchaussées situées dans la Ville ne sont jamais réputées meubles. Elles ne sont réputées telles que dans la Banlieue, Art. 14.

De Bapaume.

Les bleds verds & les aveſtures, juſqu'à ce qu'ils ſoient coupés, les granges, les étables, les Maréchauſſées, &c, ſont immeubles, Art. 10 & 12.

SECTION II.

Des Immeubles.

L'On a pu déja voir ce que la Coutume décide être immeuble, abſolument parlant.

1° Les rentes héritières non-racheta- 140.
bles & hypothéquées, Art. 140.

2° Les bois à coupe ordinaire non en- 143.
core abattus, Art. 143.

3° Les Châteaux, les maiſons habita- 144.
bles avec leurs portes, leurs fours & leurs colombiers, Art. 144.

Et 4° Le corps des moulins à eau & à 145.
vent, Art. 145.

Mais ces immeubles & tous les autres héritages ſont,

Tantôt propres en oppoſition aux acquêts dans les ſucceſſions,

Tantôt propres en oppoſition aux conquêts de communauté.

ARTICLE PREMIER.

Des propres de ſucceſſion ou des héritages patrimoniaux.

78. 1° Il y a les propres de ſucceſſion, c'eſt-à-dire, que l'on a hérité de ſes prédéceſſeurs, Art. 78.

81 & 138. 2° Les propres de donation en avancement d'hoirie. Les héritages ainſi donnés ſont patrimoniaux au donataire, Art. 81. S'il les appréhende en vertu d'une telle donation, Art. 138.

78 & 123. 3° Les immeubles retraits lignagèrement ſont patrimoniaux au retrayant, Art. 78. Inaliénables de ſon vivant, comme on l'expliquera ci-après, & propres dans ſa ſucceſſion, Art. 123.

4° Enfin il y a des propres de rem- 76 &
ploi, lesquels sont acquis des deniers de 132.
la vente d'un premier propre faite à charge de ce remploi, Art. 76. Je mets au rang de ces propres un héritage acquis pur vrai & pur échange, avec un autre qui étoit patrimonial; car je ne trouve point d'autre raison de ce que l'Art. 132 interdit le retrait lignager en fait de semblable permutation.

COUTUMES LOCALES

De Bapaume.

Les héritages Cotiers ne deviennent jamais propres ni patrimoniaux, Art. 8.

ARTICLE II.

Des Propres de communauté.

Les Fiefs acquis par le mari seul lui 135 &
sont propres, quoiqu'il soit en commu- 137.
nauté de biens avec sa femme. Et si la femme n'en est saisie actuellement, elle

n'y peut prétendre droit de propriété, Art. 135 & 137.

CHAPITRE II.

De l'aliénation des immeubles, tant entre-vifs que testamentaire.

NOus verrons d'abord les principes généraux des aliénations.

Ensuite nous marquerons ce qui est disponible ou non pas donation.

Ce qui l'est par partage entre-vifs.

Et enfin ce qui est disponible ou non par testament.

SECTION PREMIERE.

Principes généraux des aliénations.

1° DE l'aliénation des acquêts & des conquêts.

2° De l'aliénation des biens propres ou des héritages patrimoniaux.

ARTICLE Ier.

De l'aliénation des acquêts & des conquêts.

Chacun peut valablement vendre, 133.
engager, donner ou aliéner ses biens, ses Fiefs, ses héritages par lui acquis, quand & à qui bon lui semble, excepté la femme au mari, & le mari à la femme, & généralement disposer par Testament ou autrement de tous conquêts & acquêts, Art. 133.

ARTICLE II.

De l'aliénation des propres ou des héritages patrimoniaux.

Pour les vendre, les charger nommé- 76 &
ment ou les aliéner, il faut observer 81.
l'une des trois voies introduites par la Coutume; sçavoir, ou que ce soit du gré & du consentement de l'héritier apparent; ou que ce soit par remploi;

c'eſt-à-dire, en remployant les deniers de la vente du propre en acquiſition d'héritage de même nature, de même valeur, & ſortiſſant la Cote & la ligne, ainſi que le propre vendu, ou enfin que ce ſoit par néceſſité jurée par le vendeur, & ſuffiſamment prouvée par deux témoins dignes de foi, Art. 76 & 81.

77 & 81. Il ſuffit du conſentement de l'héritier principal apparent, pour l'aliénation des Fiefs patrimoniaux, ſans requérir le conſentement des héritiers apparens du Quint de ces Fiefs. Mais quant aux Coteries patrimoniales, le conſentement de tous les héritiers apparens eſt requis. Autrement l'aliénation n'auroit lieu que pour la part & la portion de ceux qui auroient donné leur conſentement, Art. 77 & 81.

189. A défaut de ces conſentemens ou de l'une des deux autres formalités preſcrites, toute aliénation des propres eſt tellement nulle, que les héritiers effectifs & patrimoniaux, quoique tenus des

faits & des promesses du défunt envers tout créancier, sauf leur recours contre les héritiers des meubles & des acquêts, cependant s'ils n'appréhendent que les biens propres, ne sont tenus, ni d'en entretenir, ni d'en garantir l'aliénation ainsi faite, Art. 189.

Il ne faut pas oublier ici la Déclaration du Roi donnée à Paris le 14 Mars 1722, enregistrée en la Cour le 17 Avril suivant. Elle ordonne l'exécution des Articles 74 & 75 ci-dessus de la Coutume. Elle veut que toutes les obligations personnelles, hypothéquées ou non, ayent leur exécution contre les héritiers des biens patrimoniaux, sur lesquels héritages elle déclare qu'on peut asseoir hypothèque, avec les formalités requises. Ensorte qu'elle excepte des Art. 76, 77, 81 & 189, l'hypothèque qu'elle décide n'être pas comprise dans la défense de *charger* les propres. Et ce terme ne peut plus s'entendre que des charges réelles, comme les rentes per-

Décl. du Roi 14 Mars 1722.

76. 77. 81 & 89.

pétuelles non-rachetables, & les autres aliénations toujours prohibées, ainsi que les ventes.

Coutumes Locales.

Pleine liberté d'aliéner ses héritages patrimoniaux non féodaux sans aucune formalité. Cout. des Ville & Bailliage de S. Omer, Art. 3 & 22 du Bailliage d'Aire, Art. 26 de Bapaume, Art. 8.

Son héritage patrimonial, sujet à l'Echevinage, Cout. de Lallœu, Art. 14.

Tous ses héritages, Cout. de la Ville d'Hesdin, Art. 9.

SECTION II.

De ce qui est disponible ou non par donation.

79 & 80. 1° CHacun peut valablement donner en avancement d'hoirie & de succession à son héritier apparent, tous ses Fiefs patrimoniaux & acquêts, à la charge du

Quint héréditaire des puînés, & toutes ses Coteries propres ou d'acquêts, à la charge des portions que les cadets y prennent égales à celles de l'aîné, Art. 79 & 80.

Mais on ne peut donner à des étran- 90 &
gers, sans le consentement de ses héri- 91.
tiers, aucune portion de ses propres, Art. 90 & 91.

2° Toute donation est interdite entre 89 &
mari & femme, & même tout avantage 133.
direct ou indirect, Art. 89 & 133.

Cependant le mari, en faisant quelque 120.
acquisition, peut stipuler que ce sera pour lui & pour sa femme, le dernier vivant, tout tenant. Et par-là il n'est point réputé avoir avantagé sa femme, Art. 120.

Coutumes Locales

de la Ville d'Aire.

Les conjoints par mariage peuvent s'entravestir ou se donner entre-vifs, même en propriété, tous leurs meubles

& leurs conquêts, pourvu qu'à la mort du prémourant il n'y ait point d'enfant, ni de leur mariage, ni d'un antérieur. Mais les bâtards ou les bâtardes mariés n'ont pas le même privilège, Art. 22.

Les conjoints peuvent s'avantager par la voie d'entraveſtiſſement, Cout. de la Cité d'Arras, Art. 4 & ſuivans, de Lens, Art. 10 & ſuivans, de Lallœu, Art. 21 & ſuivans.

Mais dans ce cas le mari ne peut plus, lors de ſes acquiſitions, faire en faveur de ſa femme la ſtipulation permiſe par l'Art. 120 de la Cout. Gén. Cout. de la Ville d'Arras, Art. 7 & ſuiv. & 19 de Bapaume, Art. 18 & ſuiv. & 29.

SECTION III.

De ce qui eſt diſponible par partage entre-vifs.

84 & 85. IL eſt permis de faire partage & diviſion entre ſes héritiers préſomptifs &

apparens de ſes Fiefs, ſans néanmoins les diviſer ni démembrer, & de ſes Coteries, de leur conſentement, ſi ce ſont des biens patrimoniaux, & ſans leur conſentement, ſi ce ſont des acquêts, pour n'avoir lieu, & les biens n'être appréhendés qu'après la mort du partageant, Art. 84 & 85.

COUTUMES LOCALES

Du Bailliage d'Aire.

On peut partager entre ſes héritiers, ſans leur conſentement, les héritages Cotiers, & de leur conſentement, les Fiefs patrimoniaux qu'on peut même diviſer & démembrer, Art. 24.

SECTION IV.

De ce qui eſt diſponible ou non par Teſtament.

IL eſt permis à chacun de donner par teſtament, & non autrement, à des 90 & 91.

étrangers, ſans appeller ſes héritiers.

90. 1° Les fruits & les revenus de trois ans de tous ſes héritages patrimoniaux ou acquêts, Art. 90.

91. Et 2° Le Quint même de tous ſes Fiefs, Art. 91.

89. Mais toute diſpoſition teſtamentaire eſt encore interdite entre mari & femme, Art. 89.

Edit Perp. L'Edit Perpétuel défend auſſi aux Notaires, aux Curés, aux Vice-Curés, qui paſſent les Teſtamens, d'y recevoir aucune donation ou aucun legs; prohibition qu'il étend à leurs parens juſqu'au quatrième degré civil incluſivement, Art. 12. Même interdiction de libéralités, ſoit entre-vifs, ſoit à cauſe de mort, au profit des Tuteurs, des Curateurs, de leurs femmes & de leurs enfans, tant que leur adminiſtration dure. Il en a excepté les pères, les mères, les ayeux & les frères & ſœurs, quoiqu'ils ayent pareille adminiſtration, Art. 14.

Je remarque une ſingularité dans notre Coutume, très-belle d'ailleurs par la ſubſtitution légale des propres qu'elle établit. Mais dès-là, pourquoi permettre d'en diſpoſer quant aux fruits, & quant au Quint des Fiefs, ſans conſentement d'aucun héritier, par Teſtament ſeulement, & non par donation entre-vifs, Art. 90, 91, 76, 77 & 81 ? Je ne retrouve l'économie de la Coutume, qu'en diſant que d'un autre côté elle ne permet point de teſter au-delà des revenus & du Quint énoncés, même avec le conſentement de l'héritier préſomptif. Il falloit bien accorder quelque choſe aux dernières volontés du Citoyen, qui peut d'ailleurs donner tout entre-vifs, en s'aſſurant des conſentemens néceſſaires. Reſte encore une bizarrerie, dont je me reconnois incapable de diſculper la Coutume; c'eſt d'autoriſer le legs du Quint des Fiefs même patrimoniaux, ſans permettre un legs égal des Rotures. Je pourrois me livrer à bien des diſſertations à ce ſujet; comme la queſtion de ſçavoir, ſi après un pareil legs du Quint des Fiefs, les puînés peuvent, dans la ſucceſſion du Teſtateur, prendre le Quint des quatre Quints reſtans? Car la Coutume ſemble approprier à l'aîné la totalité des Fiefs, *à la charge* ſeulement, dit-elle, du Quint des puînés. Et, ſuivant l'Art. 77, ils ne paroiſſent point avoir un vrai droit héréditaire à ce Quint, puiſqu'on peut ſe paſſer de leur conſentement pour aliéner cette portion, lorſqu'on a celui de l'héritier principal, pour aliéner tout le Fief. Ainſi la Coutume permettant de léguer le Quint, il ſemble que le fruit de cette charge ſoit, de ſon autorité, tranſporté des enfans puînés aux étrangers légataires. Au moyen de quoi elle ne dérogeroit en cela, ni à la ſucceſſion des Fiefs, ni à la ſubſtitution des propres. Mais cette queſtion & d'autres relatives paſſeroient les bornes que je me ſuis preſcrites.

Je dirai donc en dernière analyſe,

pour connoître toutes les ſortes de biens diſponibles à toute ſorte de titres & entre toutes ſortes de perſonnes, qu'on peut conſidérer la diſponibilité des biens,

Ou par rapport à leur nature,

Ou par rapport aux titres d'aliénation,

Ou par rapport aux perſonnes.

Par rapport à la nature des biens,

Ou acquêts,

Ou propres.

Les acquêts peuvent être aliénés en toute liberté ſans formalité aucune.

Les propres ſont,

Ou Fiefs,

Ou Coteries.

Les Fiefs ſont diſponibles en toute liberté, quant au Quint des fonds & aux revenus de trois années ſeulement, & ſeulement par Teſtament.

Les Coteries ſont diſponibles en toute liberté par Teſtament, quant aux revenus ſeulement de trois années.

Par rapport aux titres d'aliénation ;

Ou c'eſt une vente,

Ou c'eſt un don,

Ou c'eſt un partage,

Ou c'eſt un legs.

La vente & le don des acquêts ſont parfaitement libres au profit de tout étranger & de tous parens.

Le don des quatre Quints des Fiefs mêmes patrimoniaux, & d'une part virile des Rotures propres, eſt parfaitement libre au profit de l'aîné de ſes héritiers préſomptifs.

Le partage entre-vifs des immeubles acquêts eſt parfaitement libre au profit de ſes héritiers préſomptifs, quoiqu'il n'ait lieu qu'après la mort du Propriétaire.

Le legs, non-ſeulement des acquêts, mais des revenus de trois ans de tous les propres, & le legs du Quint de toute ſorte de Fiefs, ſont parfaitement libres.

Par rapport enfin aux perſonnes,

Ou elles ſont étrangères,

Ou

Ou elles ſont parentes,

Ou elles ſont mariées.

Entre étrangers, on peut, en toute liberté, vendre, donner, léguer tous les acquêts & les revenus de trois ans des Coteries mêmes patrimoniales.

Entre parens, on peut, outre les acquêts, vendre, donner, léguer en toute liberté, au profit de ſon héritier préſomptif & apparent, la part qui lui doit revenir dans toutes les ſortes d'héritages patrimoniaux.

Entre perſonnes mariées, on ne peut vendre, ni donner, ni léguer ni acquêts, ni conquêts, ni propres, ni avec formalités, ni ſans formalités.

Donc 1° il n'y a que les *acquêts*, & peut-être les *revenus* de trois ans des biens patrimoniaux, qui ſoient de libre diſpoſition à toutes ſortes de titres, entre toutes ſortes de perſonnes, excepté les gens mariés.

2° Il n'y a que le *Teſtament*, par lequel on puiſſe diſpoſer en toute liberté d'un

Quint des Fiefs propres, au profit de toutes sortes de personnes, excepté mari & femme.

3° Enfin il n'y a que les *aînés*, héritiers présomptifs, au profit de qui soit libre toute disposition, même des quatre Quints des Fiefs de toute espèce.

TITRE VI.

Du Retrait Lignager.

1° DE ceux qui l'exercent.
2° De ſon étendue.
3° De ſes effets.
4° De ſes formalités.

SECTION PREMIERE.

Des Retrayans lignagers.

POur retraire un héritage patrimonial, il faut être proëme ou parent lignager au vendeur, du côté d'où lui provenoit ce propre, Art. 123 & 126. 123 & 126.

Le mari peut au nom de ſa femme, ainſi lignagère, exercer le Retrait, Art. 119.

Le plus diligent de pluſieurs parens lignagers forclôt tous les autres mê- 127.

me plus proches en ligne, pourvu qu'il retraye pour lui-même, & non pour autrui, Art. 127.

128. Et pour être tenu & réputé diligent, afin d'exclure tout autre Lignager, il faut faire aux acheteurs des offres judiciaires des deniers principaux de l'achat & de quelque somme raisonnable, pour les frais & les loyaux-coûts, Art. 128.

COUTUMES LOCALES

Pendant l'an & jour de la saisine, le plus proche en dégré peut exclure le plus éloigné, encore que durant ce tems le Retrait eût été adjugé & consommé. Cout. des Ville & Bailliage de Saint-Omer, Art. 23 & 32. Du Bailliage d'Aire, Art. 23.

En cas de concurrence, le plus prochain est préférable; mais en égal degré, le plus diligent l'emporte. Cout. de Lalleu, Art. 20.

SECTION II.

De l'étendue du Retrait lignager.

IL ne s'étend qu'aux propres, & non 126.
aux acquêts, Art. 126.

De manière cependant qu'on n'est pas 125.
libre de ne retraire qu'une portion des héritages patrimoniaux. Il faut retraire en entier ceux qui sont vendus par un seul Contrat. Seulement on laisse à l'acquéreur les acquêts, qui auroient été compris dans une même vente, Article 125.

Ce Retrait a lieu contre l'adjudica- 121.
taire, même par décret, Art. 121.

Il est préféré au Retrait Seigneurial. 124.
On peut reprendre un propre sur le Seigneur dominant, dans l'année du Retrait par lui exercé, Art. 124.

Mais il n'est pas recevable en vrai & 132.
pur échange, ou permutation d'héritage, Art. 132.

COUTUMES LOCALES.

Il n'a point lieu ſur les héritages de la Ville & de la Banlieue, ſi ce n'eſt en faveur du Bourgeois contre l'Etranger. Cout. de la Ville d'Heſdin, Art. 13. des Coutumes particulières de cette Ville.

SECTION III.

Des effets du Retrait lignager.

78. 123 & 127. LEs héritages ainſi retraits ſont remis à Cote & à ligne, ſont réputés patrimoniaux, Art. 78. demeurent en ligne, Art. 127, & ſortiſſent nature d'héritages patrimoniaux, ſoit quant aux aliénations que voudroit en faire le Retrayant, ſoit dans ſa ſucceſſion, Art. 123.

SECTION IV.

Des formalités du Retrait lignager.

123 & 129. IL le faut intenter dans l'année de la ſaiſine donnée à l'acheteur, Art. 123.

c'eſt-à-dire, que ſi l'acheteur refuſe les offres, il faut ſe pourvoir en Juſtice compétente dans l'an de cette ſaiſine, Art. 129.

Ce terme eſt devenu fatal depuis l'Edit Perpétuel, qui en a ainſi diſpoſé, voulant que le tems coure contre tous, abſens, mineurs & autres de toutes qualités, ſans eſpérance de reſtitution, Art. 37. Edit Perp.

Quoique les offres judiciaires ne ſoient requiſes qu'à l'égard d'autres Lignagers qu'on veut exclure, il faut pourtant faire à l'acquéreur, du moins hors jugement, offres des deniers principaux de l'achat, & de quelque ſomme raiſonnable pour les frais & loyaux-coûts, Art. 128 & 129. 128 & 129.

Même tous Retrayans & Lignagers voulant gagner les fruits, les profits & les émolumens de l'héritage, doivent dans l'année faire à l'acheteur des offres réelles des deniers principaux de la vente, & d'une ſomme pour les frais & 131.

les loyaux-coûts. Et ſur le refus de les recevoir fait par la partie, ils doivent conſigner le tout en la main du Juge pardevant qui le Retrait eſt intenté, Art. 131.

130. Si l'acheteur, avant de fournir de défenſes, conſent d'être rembourſé, & de reconnoître le Retrayant pour Lignager, le Retrayant doit promptement fournir les deniers principaux, les droits Seigneuriaux & les autres loyaux-coûts, à la diſcrétion de la Juſtice. Autrement il doit être débouté du Retrait, Art. 130.

Coutumes Locales

Il faut intenter le Retrait avant la ſaiſine donnée. Cout. de Lens, Art. 23.

TITRE VII.

Des Successions.

1° DEs Successions en général.

2° Des différentes Successions des Fiefs.

CHAPITRE PREMIER.

Des Successions en général.

1° DE la saisine de l'héritier.

2° Du plus prochain héritier en directe & en collatérale.

3° De la succession des gens d'Eglise, des Religieux & des bâtards.

4° De la représentation.

5° De la préférence entre héritier simple & héritier bénéficiaire.

6° De la succession mobiliaire.

7° De celle des propres.

8° Du rapport entre cohéritiers.

SECTION PREMIERE.

De la Saisine de l'héritier.

92. LE mort saisit le vif son plus prochain héritier habile à lui succéder, en faisant les droits & les devoirs à ce pertinens, Art. 92.

101. Car, pour acquérir droit réel & de propriété dans des héritages échus par succession, il faut les relever ou appréhender, soit le gros du Fief, soit le Quint, soit portion du Quint, & les droiturer des Seigneurs, dont ils sont tenus & mouvans, Art. 101.

102. Le Quint ou la portion du Quint se droiture à pareil relief que le relief principal, & chaque portion est tenue avec la même prérogative que le principal Fief, Art. 102.

112. Malgré cette saisine de droit, cepen-

dant en Artois il n'y a nuls héritiers nécessaires, Art. 112.

COUTUMES LOCALES.

L'appréhension n'est point nécessaire pour les héritages sujets à l'Echevinage. Cout. de la Cité & Ville d'Arras, Art. 17 & 21, de Bapaume, Art. 13.

SECTION II.

Du plus prochain héritier en directe & en collatérale.

COmme c'est le plus proche parent 107.
qui hérite, les père & mère, en toutes choses, excepté les propres, succèdent à leur enfant décédé sans hoir descendant de lui en ligne directe, Art. 107.

Par la même raison, l'oncle précède & 110.
exclut les cousins germains en succession collatérale, Art. 110.

Mais les parens, en pareil degré, hé- 106.
ritent du moins des Coteries d'acquêts

& de meubles par égale portion, Article 106.

105. Il faut pourtant prendre garde en succession collatérale des Coteries & même des Fiefs acquêts, que les parens au même degré le soient par autant de liens; car pour tous biens non-tenant cotte ni ligne, on a égard à la duplicité de ligne, & le double lien a lieu, Art. 105.

Coutumes Locales.

Les meubles, les dettes, les Cateux & les acquêts en succession collatérale se partagent également entre les parens du côté paternel d'une part, & ceux du côté maternel de l'autre, quoique ceux d'un côté soient plus éloignés que ceux de l'autre, & ce sans préférence du double lien. Ville de S. Omer, Art. 20.

SECTION III.

De la ſucceſſion des gens d'Egliſe, des Religieux & des Bâtards.

TOutes ces règles s'appliquent aux ſucceſſions des Evêques, des Prélats & des autres gens d'Egliſe ſéculiers. Leurs plus proches parens leur ſuccèdent *ab inteſtat*, & non les Egliſes, Art. 151. 151.

Mais les Religieux ou les Religieuſes profès ſont réputés morts civilement, & ne peuvent venir à ſucceſſion, ni la Religion pour eux ; & ſi, avant leur profeſſion, ils n'ont diſpoſé de leurs biens, leurs meubles & leurs immeubles ſont dévolus à leurs héritiers *ab inteſtat*, ſans que le Monaſtère y puiſſe prétendre aucun droit ſucceſſif ni autre, Art. 149. 149.

Les bâtards non plus ne ſuccèdent point à leur père & mère, ni à leurs autres parens, mais ſeulement à leurs propres enfans, ou à leurs neveux deſ- 150.

cendans d'eux en ligne directe par mariage, Art. 150.

SECTION IV.

De la Représentation.

93. REprésentation n'a lieu en matière de succession, Art. 93.

COUTUMES LOCALES.

Elle a lieu en directe à l'infini, & en collatérale dans les termes de droit, excepté pour les Fiefs. Ville & Bailliage de S. Omer, Art. 16 & 24.

Il en est de même, sans exception des Fiefs. Bailliage d'Aire, Art. 33. Cité & Ville d'Arras, Art. 3 & 5. Lens, Art. 8. Lallœu, Art. 16. Bapaume, Art. 14.

Elle a même lieu à l'infini en collatérale; Audruicq & Bredenarde, Article 15. & Tournehein, Art. 7.

SECTION V.

De la préférence entre héritier simple & héritier bénéficiaire.

LE Lignager qui se porte héritier sim- 118
ple exclut celui qui n'avoit accepté que sous bénéfice d'inventaire, la succession, tant immobiliaire patrimoniale, que mobiliaire. Et néanmoins cet héritier simple, en appréhendant les Fiefs & les héritages patrimoniaux, peut s'abstenir des meubles, des cateux & des acquêts, ensorte que l'héritier bénéficiaire peut, ou les délaisser également, ou continuer en son bénéfice d'inventaire, en payant les dettes du défunt; car il doit en décharger l'héritier simple à concurrence des biens inventoriés; mais si l'héritier bénéficiaire délaisse les meubles, les cateux & les acquêts, ils demeurent vacans : & il faut y pourvoir de Curateur jusqu'à ce qu'ils soient appréhendés, Art. 118.

SECTION VI.

De la Succession mobiliaire.

146. CAteux en matière de succession sortissent nature de meubles, Art. 146.

Cependant l'héritier des Manoirs amasés ou des bâtimens & des autres héritages, peut avoir & retenir les granges, les Maréchaussées & les autres biens réputés cateux, qui sont dans les manoirs amasés, en payant à l'héritier mobiliaire, à qui ces cateux appartiennent, leur valeur & leur prisée. On doit les estimer, comme si le tout étoit démoli en un mont. Et on ne peut les démolir, sans auparavant avoir sommé l'héritier des manoirs de payer cette prisée, Art. 147.

152. En matière de succession, les biens-meubles suivent le corps & son principal domicile, Art. 152.

SECTION VII.

De la succession des propres. 105, 107 & 108.

LEs héritages patrimoniaux en succession, tant directe que collatérale, passent au plus prochain héritier du côté & de la ligne d'où ils proviennent. Et à leur égard, on ne considère pas le double lien, mais seulement la ligne dont ils procèdent, Art. 105 ; car ils suivent cotte & ligne, Art. 108, & ne remontent point, Art. 107.

SECTION VIII.

Du rapport entre cohéritiers.

LEs cohéritiers ne sont point obligés 148.
à faire rapport de ce qu'ils auroient eu par avancement d'hoirie ni autrement, de celui dont la succession est ouverte, Art. 148.

Ce qui n'est pas étrange, puisque les 79 & 80.

Art. 79 & 80 ne permettent de donner en avancement d'hoirie, que les parts héréditaires du Donataire dans les héritages propres.

COUTUMES LOCALES.

Les héritiers des meubles ſont obligés de rapporter à la ſucceſſion mobiliaire les meubles à eux donnés. Bailliage d'Heſdin, Art. 34.

Les enfans ne peuvent venir à ſucceſſion de père ou mère ou d'ayeux, qu'ils ne rapportent ou ne moins prennent. Ils peuvent s'en tenir à leur don, mais en renonçant à la ſucceſſion, & en réſervant la légitime aux autres enfans. Cité & Ville d'Arras, Art. 19 & 22. Ville & Bailliage de S. Omer, Art. 17 & 26. Bailliage d'Aire, Art. 35. Lens, Art. 9. Lalloeu, Art. 18, & Bapaume, Art. 15.

CHAPITRE II.

Des diverses successions des Fiefs.

1° DE la succession des Fiefs en ligne directe.

2° De la succession des Fiefs en ligne collatérale.

SECTION PREMIERE.

De la succession des Fiefs en ligne directe.

LE mâle exclut la femelle en pareil 96.
degré, Art. 96.

Car soit que les Fiefs soient patrimo- 95.
niaux ou acquêts, ils appartiennent à l'aîné des descendans en totalité, s'il s'agit de succession de grand-père ou
grand-mère, ou d'autres ayeux, Art 95, 94.
& à la charge du Quint seulement au profit des puînés, s'il est question de

succession de père ou de mère, Art. 94.

97. Mais si le défunt n'a laissé que des filles, l'aînée a dans les Fiefs le même droit qu'auroit eu un fils aîné, Art. 97.

94. Le Quint des puînés leur écheoit à tous, & tous y succèdent par égale portion, s'ils veulent l'appréhender, Article 94.

103. Si quelques-uns d'entr'eux n'appréhendent point leur part, & délaissent leur portion du Quint, cette part demeure au gros du Fief, Art. 103.

COUTUMES LOCALES.

Les Fiefs se quintent dans la succession des ayeux & des autres ascendans. Bailliage d'Aire, Art. 34.

Les manoirs Cotiers anciennement amasés appartiennent au fils aîné ou à la fille aînée sans charge de Quint. Bailliage d'Hesdin, Art. 32.

SECTION II.

De la succession des Fiefs en ligne collatérale.

MAis si un puîné ayant relevé ou appréhendé son Quint ou sa portion de Quint, meurt sans hoirs descendans de lui en ligne directe, c'est son frère aîné qui lui succède en cette partie. Cependant ce Quint ou cette portion de Quint ne se reconsolide point au gros du Fief, que cet aîné avoit hérité de son père ou de sa mère. Mais ils demeurent Fiefs nouveaux, comme ils étoient entre les mains du puîné à pareils droits & Reliefs, Art. 102 & 104. 104. 102.

Dès qu'un Fief est acquêt, sous prétexte que cette sorte de biens, dans son origine & par sa nature, est affectée aux mâles, il ne faut pas croire qu'en ligne collatérale il soit dévolu aux parens du côté paternel, plutôt qu'à ceux qui sont 98.

du côté maternel. Les parens de l'un ou de l'autre côté y succèdent également, s'ils sont en pareil degré, & s'ils ont autant de liens de parenté, Art. 98. Si
105. bien même, suivant l'Art. 105, que s'il y a concurrence entre un parent maternel de double lien, au même degré qu'un parent paternel de simple lien seulement, ce parent maternel héritera préférablement au parent paternel même.

96. 98. 99 & 100. Mais le mâle exclut encore ici la femelle en pareil degré, Art. 96, 98, 99, quand même il ne seroit que le cadet, & qu'elle seroit son aînée, Art. 100.

99. Ensorte que l'aînée femelle n'hérite de tous les Fiefs qu'à défaut de mâle en pareil degré, Art 99.

95 & 99. Car c'est cette totalité de Fiefs qui forme le droit d'aînesse en collatérale. L'aînée mâle ou femelle les emporte tous & sans charge de Quint, Art. 95 & 99.

Ainsi voilà ce qu'il y a de commun entre la succession directe & la succession collatérale des Fiefs.

1° En ſucceſſion de grand-père ou grand'mère ou d'autres ayeux, ainſi qu'en ſucceſſion collatérale, l'aîné, ſoit mâle, ſoit femelle, hérite de tous les Fiefs ſans charge de Quint.

Et 2° les puînés ou les cadets n'ont, dans ces ſucceſſions, aucune part héréditaire des Fiefs.

Donc il n'y a que la ſucceſſion de père & de mère, où les puînés héritent des Fiefs en partie.

Reſte à décider cette queſtion. En ſucceſſion de père ou de mère, le mâle exclut-il la femelle, enſorte que s'il n'y a qu'un mâle, il prenne tous les Fiefs ſans charge de Quint au profit de la femelle; ou qu'y ayant pluſieurs mâles, les puînés prennent tout ce Quint, ſans qu'elle y ait ſa part?

Pour établir la négative en faveur des filles, je vais me permettre une eſpèce de petite diſſertation..

Je penſe que les enfans puînés ne ſont point héritiers proprement dits du Quint des Fiefs.

94. L'Art. 94 dit qu'*en ſucceſſion* directe au fils aîné *appartiennent tous* les Fiefs. Voilà le principe. Il n'en appartient donc rien en ſucceſſion, ou par ſucceſſion, aux puînes. L'aîné eſt ſeulement chargé du Quint envers eux. Ce Quint eſt donc une charge plutôt du droit héréditaire de l'aîné que de la ſucceſſion. La ſucceſſion du père ou de la mère n'eſt, pour ainſi dire, point chargée de ce Quint.

La preuve de cette interprétation ſe tire,

77. 1° de l'Art. 77, qui ne requiert que le conſentement du fils aîné, héritier préſomptif de tous les Fiefs, pour en aliéner la totalité, ſans conſentement des puînés pour le Quint. S'ils étoient véritablement héritiers de ce Quint, la Coutume ſe contrediroit, en en permettant l'aliénation ſans leur conſentement.

91. 2° De l'Article 91, qui permet de teſter du Quint des Fiefs, même patrimoniaux, tandis que la Coutume défend de léguer aucune portion des Coteries

patrimoniales.

patrimoniales. Donc le Quint n'appartient pas aux puînés au même titre d'héritier que les Rotures propres. Autrement la Coutume se contrediroit encore.

3° De l'Art. 103, suivant lequel la portion du Quint délaissée par un des fils puînés n'accroît point à proportion aux autres cadets comme à l'aîné, mais est reconsolidée au gros du Fief de l'aîné, & lui appartient en totalité. On ne peut pas dire que cela vienne de la nature propre des Fiefs; puisqu'il n'y a pas plus de multiplication de Fiefs alors que si cette portion eût accru à tous les enfans. Si l'on dit qu'au contraire l'esprit de la Coutume est d'empêcher le démembrement des Fiefs, pourquoi le Quint, pourquoi chaque portion du Quint à l'infini deviennent-ils autant de Fiefs isolés & complets? La décision de l'Art. 103 vient donc uniquement de ce que les puînés ne sont pas vrais héritiers du Quint des Fiefs. 103.

4° De l'Art. 96, qui dit qu'en succes- 96.

sion en général, & sans distinguer la directe de la collatérale, le mâle exclut la femelle en pareil degré. Les puînés mâles excluroient donc leur cadette du Quint des Fiefs, s'il étoit vraiment héréditaire, tandis qu'il paroît certain dans l'usage que les femelles y concourent avec les mâles. Ce qui heurteroit de front les termes généraux de cet Article, en supposant que le Quint fût pris à titre successif. Au lieu que ce n'est qu'une charge de la succession des Fiefs échue à l'aîné. Et le fruit de cette charge peut être également partagé entre les filles & les mâles indistinctement.

D'où je conclus,

1° Que le Quint affecté aux puînés est plutôt une dette de la succession des Fiefs, qu'une succession même des Fiefs.

2° Que lorsque le Quint des Fiefs est
91. légué à un étranger, comme il est permis
par l'Art. 91. les puînés ne peuvent plus

prétendre d'autre Quint des quatre Quints reſtans à leur aîné. Autrement la diſponibilité du Quint des Fiefs patrimoniaux entameroit, au préjudice de l'aîné, la ſucceſſion des propres, contre l'eſprit général de la Coutume. Ce qui n'arrive point, en ſuppoſant que les puînés perdent ainſi le Quint. Ils ne ſont alors privés que d'une créance, que d'un droit qui ne leur appartenoit point à titre d'héritiers.

Dans toute la Coutume, il n'y a que deux mots, qui ſemblent contredire ce ſyſtême.

1° L'Article 94, qui dit que le 94.
Quint des Fiefs *ſuccède* & écheoit aux puînés.

2° L'Art. 77 qui qualifie les cadets 77.
d'*héritiers apparens à ſuccéder* au Quint des Fiefs.

Mais je ne crois pas que ces expreſſions fugitives doivent faire adopter une déciſion contraire à celle que nous avons proposée, une décision qui jetteroit le trouble & le désordre dans quatre articles essentiels de la Coutume, & qui renverseroit son esprit général.

TITRE VIII.

Du payement des dettes d'un défunt, & quels biens en sont chargés.

1° DEs dettes dues sur les meubles & les acquêts, & par qui?

2° Des dettes dues sur les immeubles propres, par qui & comment?

3° Des dettes dues par les donataires, les Baillistres & les Détenteurs d'héritages.

SECTION PREMIERE.

Des dettes dues sur les meubles & les acquêts, & par qui?

1° DE la veuve commune en biens sujette aux dettes, à moins qu'elle ne renonce.

2° De l'héritier ſimple des meubles, & des héritages acquêts.

Et 3° De l'héritier par bénéfice d'inventaire.

Article Ier.

De la Veuve commune en biens ſujette aux dettes, à moins qu'elle ne renonce.

137. 171 & 183. La femme veuve commune avec ſon mari en biens, ſoit meubles, ſoit immeubles acquêts eſt ſujette à payer moitié des dettes de ſon mari. Et les créanciers du défunt peuvent, pour la moitié de leur dette, s'adreſſer à elle, Art, 137, 171 & 183.

185. Même l'héritier immobiliaire pourſuivi par le créancier du défunt, doit être acquitté par la veuve commune à la même proportion, Art. 185.

139. Enfin il n'y a que les obsèques & les funérailles de ſon mari qu'elle ne doit point payer. Elles ſont à la charge des héritiers mobiliaires du premier mourant, Art. 139.

Mais la veuve, à moins qu'elle ne se fût obligée elle-même personnellement, Art 162, peut s'affranchir de toutes dettes de la communauté, en en délaissant les biens, Art. 161. Pour cet effet, il faut qu'elle y renonce actuellement, solemnellement, en Justice, & cela dans quarante jours, Art. 162, 165, à compter du jour du trépas de son époux, ou du jour qu'elle l'a sçu, Art. 161. 161, 162 & 165.

Que si durant le délai qu'elle a pour délibérer, elle recéloit ou transportoit quelques effets, elle seroit soumise aux dettes de son mari, comme immiscée dans les biens, nonobstant la renonciation qu'elle pourroit avoir faite ou feroit ensuite, Art. 163. 163.

Néanmoins pendant les quarante jours, elle peut rester dans la maison mortuaire, & se servir des biens, tant comestibles qu'autres, mais usuablement, sans en transporter aucuns, Art. 164. 164.

Article II.

De l'Héritier simple des meubles & des héritages acquêts.

Voici les différentes sortes d'héritiers simples qui doivent personnellement les dettes du défunt. On ne parle point encore de l'héritier des biens patrimoniaux.

187. 1° Il y a les héritiers mobiliaires, c'est-à-dire, des seuls meubles proprement dits. Cela arrive nécessairement, quand il n'y a point d'autres immeubles que des propres, Art. 187.

184, 185, 186 & 187. 2° Les héritiers immobiliaires, c'est-à-dire, des immeubles acquêts, des cateux & des autres biens disponibles, Art. 184, 185, 186 & 187.

3° Enfin y a-t-il, & peut-il y avoir des héritiers immobiliaires des acquêts par opposition aux héritiers des meubles, à moins qu'on ne parle de l'événement d'un partage qui, fait entre tous héritiers de droit des meubles & des immeubles acquêts confuſément, aura donné aux uns tous meubles, aux autres tous héritages acquêts ?

Sans décider cette queſtion, voici les déciſions de la Coûtume.

L'héritier immobiliaire des acquêts 187.
eſt perſonnellement tenu des dettes du défunt, en quelques lieux qu'ils ſoient ſitués, Art. 187.

Quoiqu'il y ait pluſieurs héritiers, 184 &
ſoit mobiliaires, ſoit immobiliaires des 187.
acquêts, chaque créancier peut demander toute ſa dette à un ſeul d'entr'eux tous. Et ils n'ont qu'un recours les uns contre les autres, pour ſe faire acquitter du payement de la créance, à proportion de l'émolument de chacun, Art. 184 & 187.

C'eſt-à-dire, que les héritiers de cha- 186 &
que eſpèce de biens ſe garantiront mu- 187.
tuellement entr'eux par égale portion, comme les héritiers mobiliaires qui acquitteront les héritiers mobiliaires, &

comme ceux des immeubles qui acquitteront les héritiers immobiliaires des acquêts, le tout par égale portion, ou selon la part de chacun, Articles 186 & 187.

185. Car les héritiers d'une espèce de biens ne doivent pas toujours acquitter ceux d'une autre nature de biens. Ainsi les héritiers immobiliaires ont bien leur recours, non-seulement contre les autres héritiers immobiliaires, mais encore contre ceux des meubles, & contre la veuve commune, Art. 185; mais elle & les héritiers mobiliaires ne doivent point être garantis par les héritiers des immeubles, selon le même Article.

ARTICLE III.

De l'Héritier par bénéfice d'inventaire.

111. Si quelqu'un veut se porter héritier d'un trépassé par bénéfice d'inventaire, il est tenu de faire faire inventaire des biens-meubles, des Cateux, des dettes & des

héritages du défunt, & d'en faire bonne, juste & loyale prisée, dont il doit donner bonne & sûre caution, pour en rendre compte à ceux & pardevant ceux qu'il appartient, Art. 111.

Mais l'Edit Perpétuel lui prescrit bien d'autres formalités, qu'on peut voir dans les Articles 30, 31, 32, 33 & 34. Edit Perp. 31. 32. 33 & 34.

Une fois qu'il les a toutes remplies, il ne peut plus être tenu des dettes au-delà du montant de l'inventaire, pourvu qu'il ne recèle aucuns effets du défunt pour en profiter. Autrement il est réputé même héritier simple, & paye toutes les dettes, Art. 112 & 113. 112 & 113.

Mais les créanciers pour le bien de la succession, ont la faculté de rehausser la prisée des héritages & des biens du défunt, faite par l'Huissier, toutefois que bon leur semble, avant le compte rendu, Art. 114. 114.

Quiconque a obtenu le bénéfice d'inventaire exclut, par sa diligence, un au- 115.

tre plus prochain héritier bénéficiaire ; Art. 115.

SECTION II.

Des dettes dues sur les héritages propres, par qui & comment?

112. L'Héritier lignager peut renoncer à la succession des meubles, des Cateux & des acquêts, & seulement appréhender les Fiefs & les héritages patrimoniaux, Art 112.

112, 184, 185, 186 & 189. Alors véritablement il est obligé de payer, d'entretenir & d'accomplir les dettes, les Contrats & les obligations du défunt dûment contractées, Art. 189. Et s'ils sont plusieurs héritiers patrimoniaux, c'est entr'eux seulement qu'ils ne sont obligés à payer les dettes, que selon leur contingent en la succession, Art. 186. Ensorte que le créancier peut s'adresser à chacun d'eux pour toute sa dette, Art. 184. Mais ils ont leur recours en entier contre, ſoit la veuve commune, ſoit l'héritier mobiliaire, ſoit l'héritier immobiliaire des acquêts. Tous ces derniers doivent acquitter & décharger des dettes l'héritier immobiliaire patrimonial, Art. 112, 185 & 189.

La Coutume ne le déclare ſujet qu'aux dettes dûment contractées, parce qu'il neſt point tenu de garantir ni d'entretenir les contrats, par leſquels le défunt auroit vendu ou chargé l'héritage patrimonial, ſans l'obſervance de l'une des trois voies ci-deſſus expliquées. Ainſi l'acquéreur ou le créancier ne peut point pourſuivre contre l'héritier des propres une pareille dette, qui eſt non-dûment contractée, Art 189. 189.

SECTION III.

Des dettes dues par les Donataires, les Baillistres & les Détenteurs d'héritages.

82. 1° LE donataire, par appréhension du don fait en avancement d'hoirie & de succession, est capable des dettes du donateur contractées avant l'appréhension du don, Art. 82.

83. Mais s'il est poursuivi pour cette cause, il a son recours contre le donateur, à moins que, par la donation, il ne soit chargé de purger les dettes sans recours, Art. 83.

160. 2° Un Bail ou Baillistre de mineurs est tenu de les rendre quittes & indemnes de toutes dettes pures personnelles, non compris le remboursement des rentes, quand même il n'y auroit pas de meubles suffisans pour payer ces dettes. Il doit également purger les arrérages des rentes foncières, ou des autres ren-

tes hypothéquées sur les héritages dont il jouit, ainsi que toutes les autres charges de ces héritages, Art. 160.

3° Enfin les détenteurs d'héritages hypothéqués au payement de quelques rentes, sont obligés hypothécairement pour le tout de la payer, tant qu'ils les détiennent, Art. 188. 188.

J'ajoûterai un dernier résultat des différens titres de la Coutume que nous venons de parcourir.

On peut aisément se convaincre que la substitution légale des propres est parfaite dans cette Coutume. Cette Loi, non contente de la prohibition de les charger ou de les aliéner sans l'observance de l'une des trois voies qu'elle prescrit, est allée au-devant des trois difficultés, assez communes dans les autres Pays coutumiers.

1° Elle ne veut point que l'héritier patrimonial, quoique tenu d'ailleurs des dettes du défunt, soit obligé à entretenir ni garantir les charges ou l'aliénation de semblables biens.

2° Pour toutes les autres dettes, elle donne à cet héritier son recours contre ceux qui héritent des acquêts & des meubles. Au moyen de quoi, elles ne peuvent entamer les propres que rarement, & à la dernière extrémité.

3° Et enfin, quoiqu'elle fixe un délai fatal, dans lequel le Retrait lignager doit être intenté, elle n'y prescrit point de formalités cérémonieuses. C'est sans aucune superstition, pour ainsi dire, qu'elle l'accueille, pour faire plus aisément rentrer les propres dans les familles.

TITRE IX.

Des Droits des Conjoints & de la communauté de biens.

ON a suffisamment vu dans le précédent Titre, que de droit il y a communauté de biens entre conjoints en Artois, Art. 136, 137, 139 & 153, & que tous les biens, qui, pendant le mariage, ont été acquis, même par le mari seul, tombent dans cette communauté, Art. 136, à l'exception des Fiefs par lui acquis, sans qu'elle en ait été saisie actuellement, Art. 135. 135, 136, 137, 139 & 153.

On a fait aussi voir Titre 5. ci dessus, que tout avantage direct ou indirect est prohibé entre mari & femme, Art. 89 & autres, & que tout ce que le mari peut légitimement faire en faveur de sa femme, c'est en faisant quelqu'acquisition, 89 & 120.

de ſtipuler que la choſe acquiſe ſera pour lui & ſa femme, le dernier vivant tout tenant, Art. 120.

Reſte donc à expliquer l'autorité maritale.

87. Elle s'exerce ſur la future épouſe ſimplement fiancée, qui, dès ce moment, ne peut, ni contracter, ni diſpoſer de ſes biens par teſtament ni autrement, ſans l'autorité de ſon futur, Art. 87.

134. Après le mariage célébré, le mari comme bail de ſa femme, a l'adminiſtration & le gouvernement des biens & des héritages de ſa femme, Art. 134 d'où il ſuit,

88 & 134. 1° A l'égard des meubles, qu'il peut de ſon vivant en uſer à ſa volonté, ſan qu'après ſa mort la femme puiſſe en impugner les diſpoſitions ou l'aliénation par lui faite ; le tout, ſans préjudice d la moitié des meubles qui ſe trouven dans la communauté au décès du mari il n'en peut diſpoſer par teſtament au profit d'aucun autre, ſans l'exprès con

ſentement de ſa femme, Art. 134. Du reſte il peut, même à l'inſçu de ſa femme, teſter en jugement pour pourſuivre les actions poſſeſſoires de ſa femme, & toutes ſes actions perſonnelles & hypothécaires, Art. 88.

A l'égard des héritages de ſa femme, 88, 119 &
il n'en peut pas diſpoſer qu'elle n'y con- 134.
ſente expreſſément, Art. 134. C'eſt pourquoi il ne peut lui ſeul intenter les actions pétitoires réelles au nom de ſa femme. Il faut qu'elle ſoit en cauſe, Art. 88. Cependant il peut, au nom d'elle, retraire les héritages patrimoniaux, pour tenir à ſa femme Cotte & ligne, Art. 119.

2° Il s'enſuit que, ſans le gré, l'au- 86.
torité & le conſentement de ſon mari, la femme ne peut contracter, ni diſpoſer de ſes biens, même par teſtament ni autrement, à moins qu'elle ne ſoit marchande publique. Dans ce cas, elle peut s'obliger pour le fait de ſa marchandiſe ſeulement, mais non pas teſter, Article 86.

TITRE X.

Des Douaires.

1° DE l'appréhenſion & de l'option des Douaires.

2° Des différens Douaires de la première & de la ſeconde femme.

Et 3° Des Privilèges communs aux Douaires.

SECTION PREMIERE.

De l'appréhenſion & de l'option des Douaires.

167 & 169. NOus avons déja vu, Titre 5, que la femme eſt obligée de faire appréhenſion du douaire coutumier, Art. 167, & au Titre 1er, que pour cela elle ne doit aucun droit Seigneurial, Art. 169.

Nous ajoûterons donc seulement 166 &
qu'elle peut opter entre le douaire cou- 168.
tumier, & le douaire préfix ou conventionnel. Mais, comme on l'a dit plus haut, le préfix n'est point privilégié, & n'est que dette personnelle, Art. 166. Et la femme, en prenant son douaire préfix, se prive du coutumier, Art 168.

COUTUMES LOCALES.

Ville d'Hesdin.

Point de douaire coutumier, Art. 16.

SECTION II.

Des différens Douaires de la première & de la seconde femme.

LE droit de douaire en général est de 173.
la moitié des profits des Fiefs, & la jouissance du tiers des héritages Cotiers pendant la vie de la femme seulement, Art. 173.

172. La première femme le prend ſur tous les biens de ſon mari, tant nobles que cotiers, tant propres qu'acquêts, ſoit qu'il en ait été ſaiſi ou non pendant le mariage, Art. 172.

176. La ſeconde femme le prend ſur tous les mêmes biens, quand le mari n'a point d'enfans du premier lit, ou qu'ils ſont morts au jour de la conſommation du ſecond mariage. Mais s'il y en a de ſurvivans aux ſecondes nôces, quoiqu'ils précèdent enſuite leur père, les héritages poſſédés pendant le premier mariage ne ſont point ſoumis au droit de douaire de la ſeconde femme. Ainſi des femmes ſuivantes, Art. 176.

181. Elle n'a donc ſon douaire que ſur les héritages de toute ſorte, que ſon mari a hérités ou acquis depuis le trépas de ſa première femme, & qu'il a poſſédés pendant le ſecond mariage. Et ainſi des mariages ſubſéquens, Art. 181.

Tels ſont les principes du douaire coutumier.

Quant au douaire préfix, l'Edit Perpétuel ne permet point qu'en aucun cas il excède la moitié des revenus des biens-immeubles, que le mari délaissera, Art. 27. Edit Perp.

COUTUMES LOCALES.

Le douaire coutumier ne se prend sur aucun héritage Cotier ; Bapaume, Art. 32.

Suivant la même Coutume, la seconde femme, quoiqu'il y ait des enfans d'un premier lit, prend son douaire sur tous les revenus du mari, déduction faite des charges antérieures aux secondes nôces. Il en est de même à Saint-Omer. Ville & Bailliage de S. Omer, Art. 14 & 36.

SECTION III.

Des privilèges communs aux Douaires.

162 & 175. LA femme prend ſon douaire ſur les héritages qui y ſont ſujets, quoique depuis ſon mariage ils ayent été vendus, Art. 172, ou hypothéqués, Art. 175.

171 & 175. Cependant elle doit les dettes hypothéquées ſur les biens chargés de ſon douaire, ſi elle appréhende la moitié des meubles de la communauté, Art. 171 & 175.

171. Dans ce dernier cas elle eſt ſoumiſe aux dettes, ſans néanmoins perdre ſon droit de douaire, Art. 171.

170. Mais elle en eſt privée ſur les conquêts de communauté, tant Fiefs que Coteries, ſi elle en prend ſa moitié, Art. 170.

174. A l'égard des dettes ou des charges antérieures à ſon mariage, elles diminuent

nuent de plein droit ſon douaire, dont elle ne jouit en entier, qu'après leur extinction, Art. 174.

La douairière, après l'appréhenſion de ſon droit, s'il plaît à l'héritier, doit faire à ſes dépens, partage & limitation des héritages, & faire deux cahiers ou lots, dont l'héritier aura le choix & l'option. Et pourra pareillement la douairière faire à ſes dépens les lots & les cahiers, ſi bon lui ſemble, ſans que l'héritier le puiſſe empêcher. Et l'héritier aura encore l'option & le choix, Art. 178. C'eſt-à-dire, je penſe, que la douairière ou l'héritier peuvent ſe forcer mutuellement à entrer en partage aux frais du requérant. Mais dans tous les cas, c'eſt la douairière qui doit faire les lots; & c'eſt à l'héritier à choiſir. 178.

Si le défunt laiſſe pluſieurs maiſons tenues en Fief, l'héritier a encore le choix le premier. Enſuite la douairière choiſit une maiſon pour y de- 179.

meurer pendant ſa vie, Article 179.

180. Mais ſi le défunt ne laiſſe qu'une maiſon en Fief, il faut ou que l'héritier en cède l'habitation pour moitié à la douairière, ou qu'il lui faſſe faire une maiſon, ou lui procure une demeure en Fief, ſuffiſante ſelon l'état de la veuve, eu égard à la maiſon héréditaire & à la part qu'elle pouvoit y avoir, Art. 180.

179 & 180. Dans tous les cas la veuve eſt tenue des réparations d'entretien, Art. 179 & 180.

177. Au ſurplus la veuve, en ſe remariant, ne perd point ſon droit de douaire, Art. 177.

COUTUMES LOCALES.

Bailliage d'Heſdin.

En ſe remariant, elle perd le douaire dont elle jouiſſoit ſur les héritages Cotiers, à moins de convention contraire, Art. 41.

TITRE XI.

Des Mineurs & de leurs Baillistres.

LE dernier vivant de deux conjoints, 155,
quoiqu'il se remarie une ou plusieurs 157,
fois, & même à son défaut le plus 158 &
proche parent collatéral aîné des pa- 160.
rens de l'un ou de l'autre côté, Article 160 peut prendre & conserver toujours le bail des enfans mineurs, Article 155 & 157. Et en payant au Seigneur direct le Relief qu'on a vu plus haut, Titre premier, il profite des fruits de leurs héritages, & fait les fruits siens, pendant toute la minorité des enfans, Art. 158.

Mais le père ou la mère ne pourra 156.
pas gagner ces fruits, s'il a pris la

charge de Tuteur légitime des mineurs ; à ceux-ci appartiendront ces revenus, dont il leur rendra compte, quand ses enfans seront venus en âge, Art. 156,

159 & 160. Quant aux meubles, tout Baillistre est tenu d'en faire faire par la Justice inventaire, ainsi que des dettes & des Cateux des mineurs. Sur quoi l'on prélève & l'on paye toutes leurs dettes pures personnelles. Il doit en acquitter les mineurs, & les en rendre indemnes à la fin du bail, quand même les meubles n'auroient pas suffi aux dettes. S'il y a un reliquat, il en doit rendre compte. Il n'est exempt que du remboursement des rentes. Du reste il est tenu de gouverner, d'alimenter, d'entretenir les mineurs, de leur donner des maîtres, & de les faire élever selon leur état. Il est encore obligé à l'entretien des édifices & des amasemens. En récompense il gagne, comme on l'a dit, les fruits des héri-

tages des mineurs, & les arrérages de leurs rentes viagères & héritières. Mais encore faut-il qu'il purge le cours des rentes foncières & hypothécaires assises sur leurs héritages, & les autres charges des immeubles, Article 159 & 160.

Ce bail finit pour les mâles à quatorze ans passés, & pour les femelles à onze ans passés aussi. Dès ce moment les mineurs ont la jouissance de leurs revenus, dont ils peuvent disposer. Mais à moins qu'ils ne soient mariés, ce qui les exempte de l'émancipation, ils ne peuvent, sans l'autorité de Curateur, & sans décret de Juge compétent, s'obliger, vendre, charger, ni aliéner leurs fonds, avant l'âge de vingt ans complets pour les mâles; & de seize ans passés pour les filles, Art. 154. 154.

COUTUMES LOCALES

Il n'y a que le père ou la mère qui puisse avoir la garde de ses enfans. Ville & Bailliage de S. Omer, Article 9 & 33. Bailliage d'Aire, Article 60.

Le mâle, à dix-sept ans complets, la fille à quinze, peuvent administrer leurs biens. Lallœu, Art. 19.

La garde dure pour les mâles jusqu'à dix-neuf ans accomplis, & pour les femelles jusqu'à quinze passés, à moins qu'ils ne soient plutôt émancipés par mariage, par une charge, ou par avis de parens, suivi de décret du Juge. Ville & Bailliage de S. Omer, Articles 4 & 34. Bailliage d'Aire, Article 62.

Les enfans ne sont majeurs qu'à vingt-cinq ans accomplis, pour contracter, vendre ou aliéner leurs biens patrimoniaux. Mais les mâles à vingt ans, & les filles à ſeize, peuvent, par teſtament, diſpoſer de leurs meubles & de leurs acquêts, ſans y comprendre les Cateux des propres. Ville & Bailliage de S. Omer, Art. 5 & 29, ni les Cateux des autres immeubles. Bailliage d'Aire, Art. 59.

FIN.

ERRATA.

PAGE 6, ligne 15, sintèse à l'analyse proprement dite, *lisez* l'analyse proprement dite à la sintèse.

Page 28, ligne 13, *effacez* féodales.

Page 62, lignes 17 & 18, jouissance, *lisez* puissance.

Page 63, ligne 19, qu'il se soit, *lisez* qu'il soit.

Page 64, en marge de l'Art. 2°. & 27, *lisez* & 37.

Page 72, ligne 24 & dernière, il est tenu, *lisez* ils sont tenus.

Page 76, au titre ligne 3, *effacez* meuble.

Page 83, ligne 6, pur vrai, *lisez* par vrai.

Page 108, ligne première, de, *lisez* des.

Page 135, ligne 5 & 6, quelques rentes, *lisez* quelque rente.

Même page, ligne 18, des, *lisez* de.

Page 139, ligne 3, tester, *lisez* ester.

Page 142, ligne 12, précédent, *lisez* prédécédent.

TABLE

DES TITRES.

Fin de la Table des Titres.

TABLE

Des pages où se trouve chacun des Articles de la Coutume.

APPROBATION

APPROBATION.

J'Ai lu, par ordre de Monſeigneur le Chancelier, un Manuſcrit intitulé : *Analyſe de la Coutume d'Artois*, & je n'y ai rien trouvé qui en doive empêcher l'impreſſion. A Paris, ce douze Janvier mil ſept cent ſoixante & trois.

ROUSSELET.

PRIVILEGE DU ROI.

LOUIS, par la grace de Dieu, Roi de France & de Navarre : A nos Amés & Féaux Conſeillers, les Gens tenans nos Cours de Parlement, Maîtres des Requêtes ordinaires de notre Hôtel, Grand-Conſeil, Prévôt de Paris, Baillifs, Sénéchaux, leurs Lieutenans Civils & autres nos Juſticiers qu'il appartiendra; SALUT : Notre amé CHARPENTIER Libraire à Paris, Nous a fait expoſer qu'il deſireroit faire imprimer & donner au public un ouvrage qui a pour titre : *Analyse de la Coutume d'Artois*. S'il nous plaisoit lui accorder nos Lettres de permission pour ce nécessaires. A CES CAUSES, Voulant favorablement traiter l'Exposant, Nous lui avons permis & permettons par ces Présentes, de faire imprimer ledit ouvrage autant de fois que bon lui semblera, & de le vendre, faire vendre & débiter par tout notre Royaume, pendant le tems de trois années consécutives, à compter du jour de la date des Présentes ; Faisons défenses à tous Imprimeurs, Libraires & autres personnes, de quelque qualité & condition qu'elles soient, d'en introduire d'impressions étrangeres dans aucun lieu de notre obéissance. A la charge que ces Présentes seront enregistrées tout au long sur le Registre de la Communauté des Imprimeurs & Libraires de Paris, dans trois mois de la date d'icelles ; que l'impression dudit ouvrage sera faite dans notre Royaume, & non ailleurs, en bon papier & beaux caracteres, conformément à la feuille imprimée attachée pour modele, sous le contre-Scel des Présentes ; que l'impétrant se conformera en tout aux Réglemens de la Librairie, & notamment à celui du dix Avril 1725; qu'avant de l'exposer en vente, le Manuscrit qui aura servi de copie à l'impression dudit ouvrage, sera remis dans le même état où l'approbation y aura été donnée, ès mains de notre très-cher & féal Chevalier Chancelier de France, le sieur DELAMOIGNON, & qu'il en sera ensuite remis deux exemplaires dans notre Bibliothéque publique, un dans celle de notre Château du Louvre, un dans celle dud. Sr DELAMOIGNON, & un dans celle de notre très-cher & féal Chevalier Garde des Sceaux de France, le sieur FEYDEAU DE BROU; le tout à peine de nullité des Présentes; du contenu desquelles Vous mandons & enjoignons de faire jouir ledit Exposant & ses ayans causes, pleinement & paisiblement, sans souffrir qu'il leur soit fait aucun trouble ou empêchement. Voulons qu'à la copie des Présentes qui sera imprimée tout au long au commencement ou à la fin dudit ouvrage, foi soit ajoutée comme à l'original; Commandons au premier notre Huissier ou Sergent sur ce requis, de faire pour l'exécution d'icelles, tous actes requis & nécessaires sans demander autre permiſſion, & nonobſtant clameur de Haro, Chartre Normande & Lettres à ce contraires. Car tel eſt notre plaiſir. Donné à Paris le neuviéme jour du mois de Mars, l'an de grace mil ſept cens ſoixante-trois, & de notre Regne le quarante-huitiéme.

PAR LE ROI EN SON CONSEIL.

LE BEGUE.

Regiſtré ſur le Regiſtre XV de la Chambre Royale & Syndicale des Libraires & Imprimeurs de Paris, N° 906, fol. 381, conformément au Réglement de 1723. A Paris ce 14 Mars 1763,

LE BRETON, *Syndic.*

www.ingramcontent.com/pod-product-compliance
Ingram Content Group UK Ltd.
Pitfield, Milton Keynes, MK11 3LW, UK
UKHW021825190726
13853UKWH00003B/1200

9 782329 598475